U0911906

非遗故事

STEM科学探索

INTANGIBLE CULTURAL HERITAGE STORY

THE STEM EXPLORATION COURSE

6 郑州香包

组　　编　世茂集团

本册编者　王玉婷
　　　　　贺云飞
　　　　　芦爱玲

河南科学技术出版社

· 郑州 ·

图书在版编目（CIP）数据

非遗故事：STEM科学探索 / 世茂集团组编. —郑州：河南科学技术出版社, 2021.1
ISBN 978-7-5725-0253-8

Ⅰ. ①非… Ⅱ. ①世… Ⅲ. ①非物质文化遗产-中国-青少年读物 Ⅳ. ①G122-49

中国版本图书馆CIP数据核字（2020）第259531号

出版发行：河南科学技术出版社
地址：郑州市郑东新区祥盛街27号　邮编：450016
电话：（0371）65788613　65788642
网址：www.hnstp.cn
策划编辑：马艳茹　刘燕芳
责任编辑：薛　雪
责任校对：耿宝文
版式设计：邵　艳　郭振江
责任印制：朱　飞
印　　刷：河南博雅彩印有限公司
开　　本：787 mm × 1 092 mm　1/16　印张：13.25　字数：250千字
版　　次：2021年1月第1版　2021年1月第1次印刷
定　　价：98.00元（全套6册）

如发现印、装质量问题，影响阅读，请与出版社联系并调换。

本书编委会

组编

世茂集团

编委

邵　亮	蒋玉华	李　洁	黄佳琳	戴　昊	谢天天
孔云峰	陶轶敏	褚克斌	彭加同	陆璐露	刘　靖
王玉婷	贺云飞	陈美霖	王文定	芦爱玲	张　敏
郭振江	邵　艳	吴　佳			

支持单位

安徽省掇英轩书画用品有限公司

研学旅行活动报告单

班级：________________ 指导教师：________________

<table>
<tr><th>步骤</th><th colspan="2">研学活动记录</th></tr>
<tr><td>提出问题</td><td colspan="2"></td></tr>
<tr><td rowspan="5">小组分工</td><th>小组成员</th><th>任务分工</th></tr>
<tr><td></td><td></td></tr>
<tr><td></td><td></td></tr>
<tr><td></td><td></td></tr>
<tr><td></td><td></td></tr>
<tr><td>收集信息</td><td colspan="2"></td></tr>
<tr><td>整理分析信息</td><td colspan="2"></td></tr>
<tr><td>解决方案</td><td colspan="2"></td></tr>
<tr><td>指导教师意见</td><td colspan="2"></td></tr>
</table>

说明：（1）将研学活动的过程仔细记录下来并保存好。

（2）将研学小组各个成员收集的信息和所做的分析报告附在报告单后面。

（3）将研学小组认为最有价值的信息和分析报告的内容填在活动报告单内。

世茂写给孩子们的话

“你的家乡在哪里？能给大家介绍一下你的家乡吗？”同学们，从小到大，你们是不是遇到过很多次这样的问题？而你们都是怎么回答的呢？

辽阔的中华大地承载着灿烂而丰富的文明，中国的每一座城市都拥有独特的文化，它们以多种多样的方式呈现出来，可能是传统的口头文学、美术书法作品、手工艺品，也可能是礼仪、节庆等民间风俗。我们常把这些各族人民世代相传、视若珍宝的传统文化表现形式称作非物质文化遗产，简称“非遗”。我们从城市中精选出具有代表性的非物质文化遗产，通过有趣好玩的形式，给大家讲述家乡祖辈文化传承的故事，希望大家能够深度了解自己家乡的文化宝藏，做一个真正的小非遗传承人。

目录
CONTENTS

大家好！欢迎加入“非物质文化遗产STEM科学探索”团。

每一座城市都有它独特的文化和传统，非物质文化遗产就是其中的重要组成部分。这些非物质文化遗产也是中华传统文化的精髓。让我们走近这一座座城市，聆听非遗故事，传承非遗文化，体味爱国情怀，坚定文化自信。

现在，我们的“非物质文化遗产STEM科学探索”团来到夏商古都——郑州。

本册书总计5篇，涉及的学科知识有：

历 史

郑州历史、香包的由来和寓意

地 理

郑州城市地理

人 文

郑州的非物质文化遗产、香包的制作工艺和传承

劳 技

布艺缝制

艺 术

香包的图案设计

生 物

各种植物香料可散发不同的气味

序篇

香气袭人，包罗万象

走近郑州

AROMA ALL AROUND

GETTING CLOSE TO ZHENGZHOU

印象郑州

“想得家中夜深坐，还应说着远行人。”小非遗传承人们，你们知道唐代著名诗人白居易念念不忘的家乡是哪里吗？没错，就是我们现在的河南郑州新郑市。故乡的水土陶冶了白居易高尚的性情，深厚的文化底蕴启迪了诗人宽广的文学情怀。今天就让我们一起走近郑州，了解这座古老的城市。

郑州市位于华北平原南部、黄河下游，居于河南省中部偏北，是河南省的省会。说它古老，是因为郑州是华夏文明的重要发祥地，是中华人文始祖轩辕黄帝的故里，古称夏都。早在4000年前，黄河流经郑州，在这里孕育了中原文明，在众多地区性文明中，中原文明恰如中流砥柱，朝气蓬勃，吸纳、融合了各地文明的精华，向更高层次发展，最终成为中华文明的核心和主体。1964年，在郑州市东北郊发现了包含有夏、商时期文化的大型古代聚落遗址——大河村遗址，其凭借面积之大、文化层堆积之厚、文化内涵之丰、延续时间之长，成为黄河流域数千处古遗址中的佼佼者，2001年被国务院公布为第五批“全国重点文物保护单位”。2700多年前的郑韩故城自1960年开始发掘，先后荣获第一批“全国重点文物保护单位”的

称号和“中国20世纪100项考古大发现之一”的称号。

郑州除了拥有深厚的文化底蕴之外，更是全国重要的铁路、航空、电力、邮政、电信主要枢纽城市，拥有亚洲作业量最大的货车编组站。郑州航空港区是中国唯一一个国家级航空港经济综合实验区。

走近郑州非遗

少林功夫

小非遗传承人们，你们对少林功夫一定不陌生吧？那一招一式的武术动作，刚强有力又灵活多变，向人们展示着中国人不屈的精神和行侠仗义的理念，它在2006年被收录进第一批国家级非物质文化遗产名录。少林功夫不仅为国人所熟知，更令外国友人赞叹不已，而这享誉全球的少林功夫正是出自郑州登封市。

少林功夫内容丰富、套路繁多。据《少林寺拳谱》记载，少林功夫套路有708套，其中拳术和器械套路552套，另有七十二绝技、擒拿、格斗、卸骨、点穴、气功等各类攻法套路156套。其中，少林功夫以拳种分主要包括少林金刚拳、少林五合拳、少林看家拳、心意把、大洪拳、小洪拳等；以地域分则包括嵩山少林拳法、南少林拳法和北少林拳法等。

黄帝故里拜祖大典

黄帝，生于轩辕之丘，故称为轩辕氏。据传他出生几十天就会说话，少年时思维敏捷，青年时敦厚能干，成年后聪明坚毅。黄帝同炎帝并称为中华民族的始祖、华夏部落联盟领袖。黄帝以他首先统一中华民族的伟绩而载入史册。他播百谷草木，大力发展生产，创造文字，始制衣冠，建造舟车，发明指南车，定算数，制音律，创医学等，是开创中华民族古代文明的先祖。他是传说中远古时代华夏民族的共主，居五帝之首。

郑州市下辖的新郑市是黄帝故里，每年农历“三月三”会举办祭拜先祖黄帝的仪式，自2006年（农历丙戌年）开始，升格为“黄帝故里拜祖大典”。2008年，国务院确定新郑黄帝拜祖祭典为第一批国家级非物质文化遗产扩展项目。2006年以后，黄帝故里拜祖大典的议程固定为九项，分别是：盛世礼炮、敬献花篮、净手上香、行施拜礼、恭读拜文、高唱颂歌、乐舞敬拜、祈福中华、天地人和。

郑州香包

郑州历史悠久，而郑州的味道，在海内外中华儿女的心中就是祖国的味道。而这其中有种特别的味道，就来自郑州香包！

香包，古称香囊，也称佩帏、容臭（xiù），最早可追溯到3 000多年前，是中国古代劳动人民创造的一种民间刺绣工艺品，是以男耕女织为标志的中国古代社会文化的产物，也是中国传统文化的遗存和再生。

端午节佩戴香包也是中国千年的传统习俗，香包多用作民间端午节的赠品，主要功能是求吉祈福、驱恶辟邪。

第一篇

了不起的民间艺术

走近郑州香包

GREAT FOLK ART

GETTING CLOSE TO ZHENGZHOU SACHET

小非遗传承人们，还记得每逢端午节我们除了赛龙舟、包粽子以外，身上还会佩戴形状各异的有特殊香味的小挂件吗？是的，那就是我们所说的香包。在袋子里边装上香料就称作香包。香包造型甚多，有桃形、石榴形、鸡心形、腰子形、小老虎形等。香包有丝线、锦缎制成的，有透雕玉质的，也有极少数镂金的。虽然香包的形制、佩挂方式及内填香料有所不同，但意义不外乎祛恶气、避邪秽。

幽香康宁的玲珑挂件

你们知道为什么要佩戴香包吗？

祛邪祈福，是香包文化的永久主题。农历的五月初五是端午节，在所有的端午习俗中，最富于静态美和温馨气息的莫过于制作和佩戴香包。以往由于医药水平较落后，人们常把雄黄、艾草、菖蒲研成粉末，用布包起来戴在胸前，认为这样做有散风驱寒、健脾胃、理气止痛、通九窍的功效，并且药粉多含有挥发性，气味醇正、持久，多数中药的有效成分对多种细菌、病毒和霉菌有不同程度的抑制或杀灭功能，从而起到防病的作用。

别样图案送祝福

除了放入药粉祛病，人们还借用各种造型迥异的香包来表达不同的祝福：老虎、狮子象征勇猛威武，可祛除邪恶保平安；莲花、荷花、牡丹、梅花等寓意女性的坚贞甜美；葫芦、石榴多籽，表达多子多福的愿望。送给长寿老人的“耄（mào）耋（dié）童趣”，以猫和蝴蝶戏牡丹的组合图案，寓意老年生活富有情趣；送给孩子的“福寿娃娃”，以憨态可掬的娃娃为主体，周围环绕蝙蝠、桃子的组合图案，寓意孩子健康平安。

佩戴香包颇有讲究。老年人一般喜欢佩戴梅花、菊花、桃子、苹果、荷花、娃娃骑鱼、娃娃抱公鸡、双莲并蒂等造型的香包，象征着鸟语花香、万事如意、夫妻恩爱、家庭和睦。孩子喜欢的是飞禽走兽类造型的香包，如老虎、豹子、猴子上杆、斗鸡赶兔等造型的香包。

在河南郑州，花卉树木、虫鱼鸟兽、日月风云、楼台亭榭、几何图案，以及人物等均可成为香包刺绣的题材。心灵手巧的民间艺术家们凭着一针一线、一把剪刀，就把活灵活现的龙、凤、金鱼、老虎、狮子、蛇、蟾蜍、壁虎、蜈蚣、蝎子等图案呈现在人们面前，供人们在芳香四溢的香包世界里把玩、欣赏，以此寄托人们心灵深处的美好诉求。

小活动1：各种图案送祝福

（备注：请使用“小活动 1 ”材料包。）

小非遗传承人们，香包上的不同图案代表了不同的祝福。请你也动手画一画，把你的祝福用画表达出来。

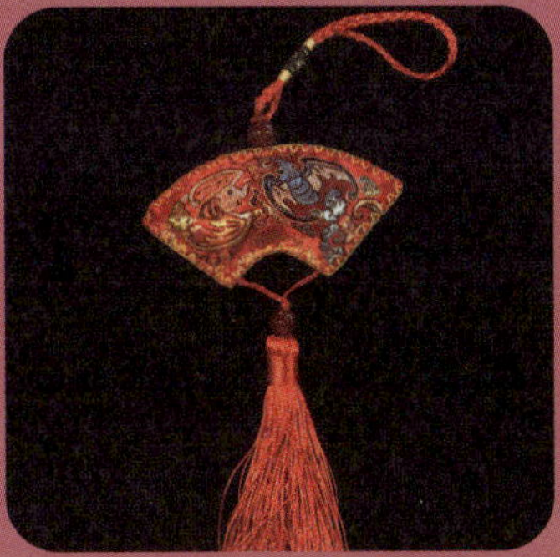

第二篇

代代传承的祝福

香包的前世今生

BENEDICTION FROM GENERATION TO GENERATION

PAST LIFE AND PRESENT LIFE OF SACHET

人类发明了针，又发明了丝、线、布，于是就有了刺绣。要说香包的历史，真是像线一样长。

传承千年的精妙技艺

《诗经》的一些篇章里已有对香包的描述，说明早在约3 000年前就有了香包。

《周礼·考工记》云："五采备，谓之绣。"香包用青、赤、黄、白、黑五色丝线刺绣而成，色彩绚丽，自然有装饰衣着、把玩欣赏的审美功用；又因填有特殊的中药材，兼有驱邪、除菌、爽神的功效。

《礼记·内则》记载，未成年男女，晨昏叩拜父母，必须佩戴香包，说明香包还有礼仪作用。

春秋战国时期，古人佩戴香囊风俗日盛。屈原《离骚》中有"扈江离与辟芷兮，纫秋兰以为佩""椒专佞以慢慆兮，樧（shā）又欲充夫佩帏"，江离、辟芷、秋兰均为香草，佩帏即香囊。古人重视对香花香草的采集，随身携带香料，目的是让人与生活环境更加洁净、清香。多数情况下，人们把阴干的香草装在精美的丝袋里，佩戴在身上，既可散发芬芳，又可作为饰物。这说明香包早在屈原所处的战国时代就已是一种饰物了。

到了汉魏时期，“香囊”的名称正式出现在文献中，佩挂香囊的记载也屡见不鲜。《礼记·内则》有云：“男女未冠笄者”“皆佩容臭”。容臭即香包，这说明汉代未成年男女已开始佩戴香包。汉末诗人繁钦的《定情诗》中有“何以致叩叩？香囊系肘后”，就指明当时的香囊是系在肘臂之下、藏于袖中佩戴的，通过衣袖把微微香气从袖筒中散发出来。这种袖底生香的魅力既含蓄又美好。

到了唐宋时期，香囊逐渐成为女士的专用品，而男性官吏们则开始佩戴荷包，有的官吏上朝时干脆把荷包缀于朝服之上。当然，那时的荷包与香囊不完全一样，香囊里主要装的是香草，而荷包主要是用来“盛手巾细物”的。

明清时期，香囊发展到了鼎盛时期，无论男女，皆可随身携带及赏玩。此时的香囊种类繁多，材质上不仅有布的，还有玉镂雕的，金蕾丝、银蕾丝、点翠镶嵌和丝绣的等；形状上也有圆形、方形、椭圆形、倭角形、葫芦形、石榴形、桃形等。明代李时珍《本草纲目》中还有香囊治病的记载。逢年过节皇帝也要例行赏赐给臣子香囊，以示眷宠。

近代，香包则多用作民间端午节的赠品，主要是为了求吉祈福、驱恶辟邪。

小故事

唐天宝十四年（755年）农历十一月，安禄山兵变，攻占潼关。唐玄宗见长安不保，携杨玉环仓皇入蜀。途经马嵬坡时，禁军将领杀死杨国忠父子之后，又请求处死杨贵妃。唐玄宗无奈，被迫赐杨贵妃自缢，史称“马嵬之变”。待到收复西京以后，唐玄宗派人悄悄将她的遗体移葬，办事宦官发现贵妃的遗体只剩下莹莹白骨一具，唯有临死时佩戴在胸前的香囊还完好似昔，他便把香囊取下复命。垂垂老矣的太上皇玄宗见到香囊睹物思人，当年骊山歌舞的欢乐宛在，伊人的浓情已远，也只剩下眼前这枚香囊了！他把香囊装入衣袖，不禁老泪纵横……几十年后，唐代诗人张祜感叹此物此事，写下了《太真香囊子》一诗：“蹙金妃子小花囊，销耗胸前结旧香。谁为君王重解得，一生遗恨系心肠。”

玲珑香囊与治病救人

在古代，香囊辟疫的方法在中医中被称为“香佩法”或“香嗅法”，是中医外治法的一种，即不通过内服药物而将药物或非药物施于皮肤、孔窍、俞穴及病变局部来调整机体、疏通经络、沟通表里的一种治疗疾病的方法。

香佩法的施药方式一般有戴、佩（挂）、着三种。覆盖于头上叫“戴”，佩于身前叫“佩”或“挂”，附着于某患病部位叫“着”。这些方法多用于预防传染病，也有用于治疗疾病的。

古人很早就认识到疾病可以从口、鼻进入人体。明末医家吴有性在《温疫论》中有述："凡人口鼻之气，通乎天气，本气充满，邪不易入，本气适逢亏欠，呼吸之间，外邪因而乘之。"故古人会在香囊中放入不同的药物，以期发挥辟邪、扶正、解表、清气、祛湿、开窍等不同功效。

佩戴香囊治疗疾病的做法一直沿用至今，比如佩戴香囊可用来防治感冒、咳嗽、胸闷、心痛、眩晕、失眠、鼻塞等。有些中医院也会根据不同的病症搭配不同的药粉佩戴，以达到预防和减轻病症的作用。

随着香包制作技法的不断发展，香包被做得越来越精致，越来越复杂，也越来越具有观赏和收藏价值。到了近代，佩戴香包的场合慢慢减少，人们大多是在端午节的时候佩戴，或者将其作为礼品相互赠送。

2009年，郑州香包被列入河南省省级非物质文化遗产名录，作为非遗项目，香包也越来越受到人们的重视和喜爱。

小活动2：香料幽香沁人心

（备注：请使用"小活动2"材料包。）

小非遗传承人们，香料是香包的"灵魂"，严格按照配方进行配比，才能配出有效、芬芳的香料来。请你来试试看，配一份儿童驱蚊香料吧！

材料：艾叶、紫苏、陈皮等。

第三篇

妙手制出玲珑香包

郑州香包的制作技艺

INGENIOUS SACHET MADE BY NIMBLE FINGERS

ARTISANAL TECHNIQUES OF ZHENGZHOU SACHET

小非遗传承人们，看了那么多美丽玲珑的香包，了解了香包的方方面面，是时候拥有一个属于自己的香包了！先让我们来看看香包是怎么诞生的吧！

精致的香包蕴含了制作人的真挚祝福，它是制作人的一份温馨祝福，以香保健、以图祈福。经过千百年的锤炼，香包的制作技艺已经十分成熟，其独特之处在于香包中的香料，香料的配方、功效、比例都需要经过成百上千次的尝试，才能使香包产生沁人心脾的芬芳。

制作一个香包看似容易，好像只是把各色碎布缝成包囊，再往里面装填香料即可。但其中的步骤要精细得多，碎布缝制的香包要美观大方，造型也要得体。这就要求匠人们在缝制时，必须提前构思好香包的形状，这样才能做到“胸有成竹”，淡然下针。香料是香包的“灵魂”，不同香料之间的碰撞能带来美妙的芬芳气味，因此，香料的配比和制作都是经过匠人们多次试验和精心计算的，丝毫马虎不得，比例上一丝一毫的偏差，都会使得最后的香料失去它应有的香味。

端午浓情——粽子香包的诞生

端午节，又称端阳节、龙舟节等，农历五月，天气刚热起来，蛇虫鼠蚁开始活跃，是传染病的高发季节，体质较差的人容易生病。因此，五月也常被称为“毒月”。端午节的民俗多为祈福、消灾等主题，寄托了人们迎祥纳福、辟邪除灾的愿望。端午节的习俗主要有吃粽子、戴香包、划龙舟、挂艾草、拴五色线等。传统香包款式多种多样，粽子香包是其中之一，因其外形酷似粽子而得名。粽子香包制作方法十分简单。利用一块长宽比为2：1的花布，通过折叠及缝制使花布形成粽子状，然后装入填充物并缝合封口，这样粽子香包就诞生啦！

五月初五是端午。
五月恶，五月毒。
五月邪恶要铲除。
戴香囊，驱蚊虫。
邪恶除，全家福。

——郑州香包代表性传承人
芦爱玲

精打细算——芬芳香料的配方

香料可谓香包的“灵魂”，经过精心配比的香料不仅香远益清，甚至还能驱虫祛病。因此香料的制作工艺和配方就显得格外重要，制作的过程丝毫马虎不得。香料多了，会使香包变得刺鼻；香料少了，会使香包失去原有的作用。接下来，我们就来看看常见的驱蚊香料需要哪些材料。

儿童驱蚊香料配方 艾叶、紫苏、丁香、陈皮若干。经过干燥、混合即可使用。

成人驱蚊香料配方 金银花、艾叶、紫苏、丁香、薄荷、陈皮若干。经过干燥、混合即可使用。

药材虽好，但是我们也要注意，孕妇、过敏者是不能佩戴这些香包的。从配方中我们可以看出匠人的慧眼独具；同时，针对成人、儿童分别调整了配方里中药的成分，确保香包药效的同时也能令人舒畅。

第四篇

匠人之志，追寻传统

郑州香包的传承与延续

CRAFTSMAN'S AMBITION TO EXPLORING TRADITIONS

INHERITANCE AND DEVELOPMENT OF ZHENGZHOU SACHET

小非遗传承人们，香包之所以时至今日还能够出现在大街小巷，全靠一代代匠人的坚持与努力。让我们一起来认识郑州香包传承人，听一听她们的故事吧！

玲珑香包背后的不懈传承

香包是古代劳动妇女创造的一种民间刺绣工艺品，是以男耕女织为标志的古代农耕文化的产物，是越千年而余绪未泯的传统文化的遗存和再生。人们制作和佩戴香包的历史至少可以上溯到春秋战国时期，现在香包则多用作民间端午节的赠品。

香包文化在大街小巷复苏的同时，也走入了校园。2018年，郑州市第六十二中学的同学们就在匠人张艳老师的讲授下学习了如何制作香包。祖国未来的栋梁也体验到了香包文化背后的精妙与祝福。

2019年，郑州博物馆组织了中原民风民俗系列活动。其中一个展区就有匠人现场教游客缝制香包。拿起一块布，放上棉花和药材，穿针引线，一个香包就做好了。不少游客缝制后，惊喜不已。一个香包就是对美好新年的一份祝福。

传承中的创新

香包精美异常，和精致的旗袍搭配在一起，相得益彰。但在快节奏的今天，旗袍已不是人们日常的服饰了。匠人芦爱玲为了让香包能够适应现代的生活，对香包的外形进行了改良。比如叶子形的驱蚊香包就广受好评。在炎炎夏日，许多家长就将为孩子准备的叶子形香包插在瓶中，既显得恬静淡雅，又可以保护孩子免受蚊虫侵扰。

郑州香包传承人名片

传承人： 芦爱玲　**擅长：** 针织香包

主要经历：

今年63岁的芦爱玲出身于香包世家，是河南省郑州市非物质文化遗产香包代表性传承人。她从小受奶奶的熏陶教诲，深爱女红，继承了奶奶的香包和布艺玩偶的制作技艺，对民间艺术有着特殊的感情，致力于民间技艺的传承与研究。

她制作的芦氏香包内装有传统的中草药香料，气味持久，芳香醇正，具有防蚊虫、提神醒脑之功效。芦爱玲的童年就在香包的环绕中度过，据她回忆，“当时家家都做着香包，经常做香包”。可随着时间的推移，香包逐渐淡出了人们的视野，其独有的香味也逐渐消散在历史长河之中。

而匠人芦爱玲则把这门手艺坚守了下来。她的芦氏香包，以独特的配方、精妙的技艺、清新的幽香深受人们喜爱，体现了老一辈人对香包的追忆。

真正的匠人，永远有一颗学徒的心，芦爱玲也不例外。香包的精髓在于香料，香料的配方则是大家所珍藏的秘方。芦爱玲在不断钻研配方的同时，也在不断向中医请教，这才有了今日芦氏香包独有的味道。

匠心语录：

看到有这么多人喜爱并学习制作香包，我很开心。我最大的心愿就是把这门手艺传承下去。

郑州香包之制作粽子香包

小非遗传承人们，看了那么多精美的香包，你是不是也跃跃欲试了呢？我们一起来动手缝制一个香包吧！

（备注：请使用“STEM实践探索”材料包。）

了解香包的制作流程和香包的功效。

学会用花布制作简单的粽子香包。

设计有创意的香包图案。

精确称量各类香料的质量。

材料和工具： 香料包、填充物（棉花）、花布、双面胶、皮绳等。

步　骤：

1、将长方形的花布正面向内对折。

2、将双面胶贴在花布正面的边缘，用于“缝合”布料。

3、取一根皮绳，对折后尾部打结，放入对折花布的中线处，露出打结部分。

4、

粘住图示中作品的上边缘及左边缘。

5、

将做好的花布袋翻到正面，装入填充物。

6、

将开口处两角相对贴在一起，形成粽子状，最后把开口处内折1厘米，在内侧用双面胶贴合封口。

非遗故事

STEM科学探索

INTANGIBLE CULTURAL HERITAGE STORY

THE STEM EXPLORATION COURSE

1 合肥巢湖纸笺

组　　编　世茂集团

本册编者　陆璐露

　　　　　刘　靖

河南科学技术出版社

·郑州·

图书在版编目（CIP）数据

非遗故事：STEM科学探索 / 世茂集团组编. —郑州：河南科学技术出版社，2021.1
ISBN 978-7-5725-0253-8

Ⅰ. ①非… Ⅱ. ①世… Ⅲ. ①非物质文化遗产-中国-青少年读物 Ⅳ. ①G122-49

中国版本图书馆CIP数据核字（2020）第259531号

出版发行：河南科学技术出版社
地址：郑州市郑东新区祥盛街27号　邮编：450016
电话：（0371）65788613　65788642
网址：www.hnstp.cn

策划编辑：马艳茹　刘燕芳
责任编辑：薛　雪
责任校对：耿宝文
版式设计：邵　艳　郭振江
责任印制：朱　飞
印　　刷：河南博雅彩印有限公司
开　　本：787 mm × 1 092 mm　1/16　印张：13.25　字数：250千字
版　　次：2021年1月第1版　2021年1月第1次印刷
定　　价：98.00元（全套6册）

如发现印、装质量问题，影响阅读，请与出版社联系并调换。

本书编委会

组编

世茂集团

编委

邵　亮	蒋玉华	李　洁	黄佳琳	戴　昊	谢天天
孔云峰	陶轶敏	褚克斌	彭加同	陆璐露	刘　靖
王玉婷	贺云飞	陈美霖	王文定	芦爱玲	张　敏
郭振江	邵　艳	吴　佳			

支持单位

安徽省掇英轩书画用品有限公司

研学旅行活动报告单

班级：________________　　指导教师：________________

<table>
<tr><th>步骤</th><th colspan="2">研学活动记录</th></tr>
<tr><td>提出问题</td><td colspan="2"></td></tr>
<tr><td rowspan="5">小组分工</td><td>小组成员</td><td>任务分工</td></tr>
<tr><td></td><td></td></tr>
<tr><td></td><td></td></tr>
<tr><td></td><td></td></tr>
<tr><td></td><td></td></tr>
<tr><td>收集信息</td><td colspan="2"></td></tr>
<tr><td>整理分析信息</td><td colspan="2"></td></tr>
<tr><td>解决方案</td><td colspan="2"></td></tr>
<tr><td>指导教师意见</td><td colspan="2"></td></tr>
</table>

说明：（1）将研学活动的过程仔细记录下来并保存好。

（2）将研学小组各个成员收集的信息和所做的分析报告附在报告单后面。

（3）将研学小组认为最有价值的信息和分析报告的内容填在活动报告单内。

世茂写给孩子们的话

“你的家乡在哪里？能给大家介绍一下你的家乡吗？”同学们，从小到大，你们是不是遇到过很多次这样的问题？而你们都是怎么回答的呢？

辽阔的中华大地承载着灿烂而丰富的文明，中国的每一座城市都拥有独特的文化，它们以多种多样的方式呈现出来，可能是传统的口头文学、美术书法作品、手工艺品，也可能是礼仪、节庆等民间风俗。我们常把这些各族人民世代相传、视若珍宝的传统文化表现形式称作非物质文化遗产，简称“非遗”。我们从城市中精选出具有代表性的非物质文化遗产，通过有趣好玩的形式，给大家讲述家乡祖辈文化传承的故事，希望大家能够深度了解自己家乡的文化宝藏，做一个真正的小非遗传承人。

目录
CONTENTS

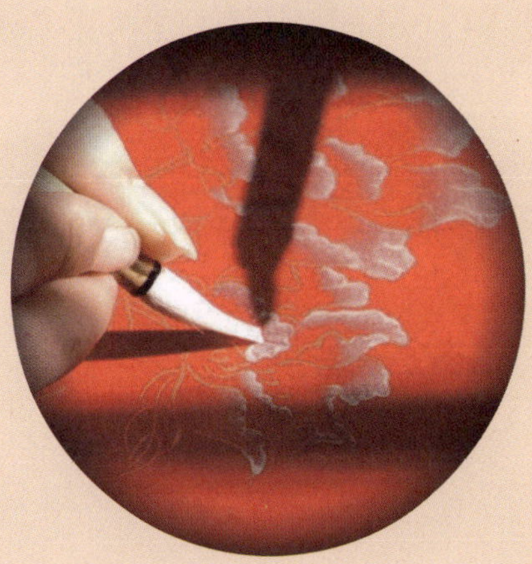

大家好！欢迎加入“非物质文化遗产STEM科学探索”团。

每一座城市都有它独特的文化和传统，非物质文化遗产就是其中的重要组成部分。这些非物质文化遗产也是中华传统文化的精髓。让我们走近这一座座城市，聆听非遗故事，传承非遗文化，体味爱国情怀，坚定文化自信。

现在，我们的“非物质文化遗产STEM科学探索”团来到“大湖名城”——合肥。

本册书总计5篇，涉及的学科知识有：

历 史

合肥历史、纸笺技艺发展史

地 理

合肥城市地理

人 文

合肥的非物质文化遗产、合肥纸笺的传承和发展

数 学

纸笺加工中各种材料所占的比例

艺 术

纸笺的加工工艺、纸笺作品赏析

物 理

纸笺的染色工艺

序篇

纸上生花

走近合肥

MIRACULOUS PAPER

GETTING CLOSE TO HEFEI

印象合肥

小非遗传承人们，今天我们将访问一座拥有2 000多年历史的古城，它就是合肥！合肥，简称庐或合，古称庐州、庐阳、合淝，现在的合肥是安徽省的省会，是具有国际影响力的创新之都，是世界科技城市联盟会员城市、中国最爱阅读城市、中国集成电路产业中心城市、国家科技创新型试点城市，有“江淮首郡、吴楚要冲”“江南之首、中原之喉”之称。

合肥是国家历史文化名城。春秋战国时期，合肥先后属楚、吴、越，后又属楚。秦始皇二十六年（公元前221年），废分封，立郡县，合肥属九江郡。合肥素有“三国故地，包拯家乡”之称。秦置合肥县，隋唐至明清时期，合肥一直是庐州府治所，故又称“庐州”“庐阳”。合肥境内名胜古迹众多，如逍遥津、包公祠、李鸿章享堂、吴王遗踪等。合肥还诞生了周瑜、包拯、李鸿章等一批历史名人。

包公园

包公祠

李鸿章故居

合肥市地处中国华东地区、江淮之间，环抱巢湖，总面积一万多平方千米。截至2016年年末，合肥市下辖4个区、4个县，代管1个县级市——巢湖市。巢湖市同样历史悠久，人杰地灵，古称“居巢”“南巢”，“成汤放夏桀于南巢”即出于此，其文字记载的历史有3 000余年，秦时设居巢县，唐代设立巢县。

除此之外，遍布城市的非物质文化遗产项目以及民俗文化成了合肥生生不息的文脉根基，它们种类繁多，涵盖面广。

走近合肥非遗

任何一座城市都有能代表其市民的生活方式、精神特征和文化内涵并具有传承价值的事物，这就是这座城市的文化遗产。小非遗传承人们，让我们先一起走近合肥非遗，认识一下它们吧！

庐剧

庐剧是安徽省地方传统戏剧，2006年，被列入国家级非物质文化遗产名录。庐剧原名倒七戏，又称小倒戏、小戏，另有别称花篮戏、采茶戏、灯戏、二小戏、三小戏、和州戏、倒祭戏、稻季戏等，流行于安徽省江淮之间的皖西、皖中和江南部分地区，是在大别山一带的山歌、淮河一带的花灯歌舞的基础上吸收了锣鼓书（门歌）、端公戏、嗨子戏的唱腔发展而成的。庐剧的传统唱腔分主调和花腔两部分，表演朴素而活泼，简单而真实，同时庐剧演员身兼数角，轮番替换，还要兼打锣鼓。早期庐剧用锣鼓伴奏，主要有堂锣、大锣、小锣三件打击乐器。

肥东洋蛇灯

肥东洋蛇灯是安徽省合肥市的传统民俗技艺，是国家级非物质文化遗产项目。洋蛇灯发源于肥东县解集乡大邵村。邵姓代代相传，每18年玩一次洋蛇灯，每一次增加一节（1.6米），现洋蛇灯长度已达104米。洋蛇灯工艺技巧复杂，运用绑、扎、凿、勾、翘、压等方法制成，全凭老艺人的经验，师徒传承，难以用文字形式表述。洋蛇灯表演场面壮观，气势恢宏，具有极强的艺术感染力，是别具特色的民间艺术瑰宝。

巢湖民歌

巢湖民歌是安徽省巢湖市地方传统音乐，2006年，被列入国家级非物质文化遗产名录。伴随着巢湖悠久的历史，巢湖民歌经历了由简到繁、由单一到多样的演变过程。巢湖民歌以号子、山歌、小调三大门类为主，其他如舞歌、风俗歌、儿歌，以及属于亚民歌范畴的生活音调，它们为数不多，也有流传。巢湖民歌既有有代表性的表现形式和相对统一的结构风格，又在与毗邻地带的民歌的交融中，形成了多种声腔共存的格局。

介绍了这么多的非遗项目，小非遗传承人们是不是已经按捺不住激动的心情，想要来认识一下本次课程的主角了呢？接下来就让我们一起走近合肥巢湖纸笺吧！

巢湖纸笺加工技艺

纸笺加工技艺是传统造纸技艺的延伸与发展，纸笺加工技艺简单来说就是对纸张进行再次加工的技艺。与原纸相比，“加工后的纸笺”有的染了颜色，有的装饰了图案，有的点缀了金银，有的质地变得更加紧密且表面更加光洁，有的加入防潮、防虫蛀的物质，等等。加工后的纸笺比加工前的原纸或更精美，或更实用、耐用，或被赋予更高的文化内涵。

加工后的纸笺在书法、绘画、装裱、装帧、包装中有着广泛的应用。纸笺加工技艺也在灯笼、剪纸、鞭炮、盔甲、纸扇、风筝及室内装潢等行业中发挥着重要作用，成为人们日常生活及军事活动中不可或缺的手工技艺，为我国文化的传承、传播、发展，乃至世界的历史进程做出了巨大贡献，逐渐成为中国传统造纸技术中最具特色的一大门类。

纸笺产品主要有色纸、洒金纸、云母纸、煮捶笺、粉笺、蜡笺、粉蜡笺、木版水印笺、泥金笺、玉版笺、砑花笺、拱花笺、流沙笺、羊脑笺、刻画笺、手绘笺、金银印花笺、虎皮纸、冰琅笺等，品类繁多。

2008年6月，“纸笺加工技艺”经国务院批准、文化部评定入选第二批国家级非物质文化遗产名录，同年，安徽省掇英轩书画用品有限公司（以下简称“掇英轩”）被认定为国家级非物质文化遗产代表性项目保护单位。2018年5月，巢湖“纸笺加工技艺”入选国家文化和旅游部、工业和信息化部联合发布的第一批国家传统工艺振兴目录。

纸笺究竟长什么样子呢？让我们来一睹为快吧！

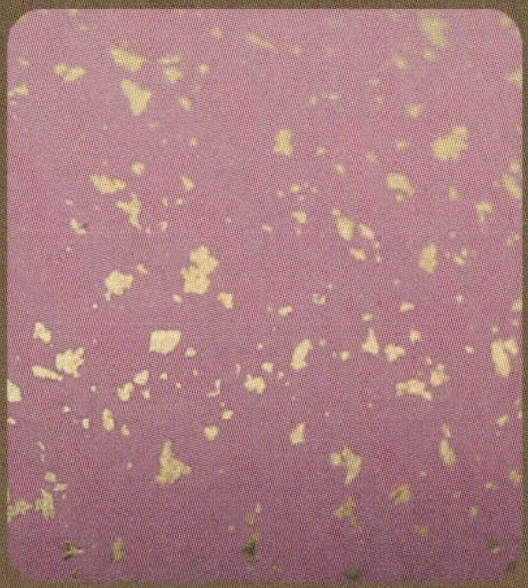

第一篇

了不起的民间艺术

走近合肥巢湖纸笺

GREAT FOLK ART

GETTING CLOSE TO ART PAPER IN CHAOHU, HEFEI

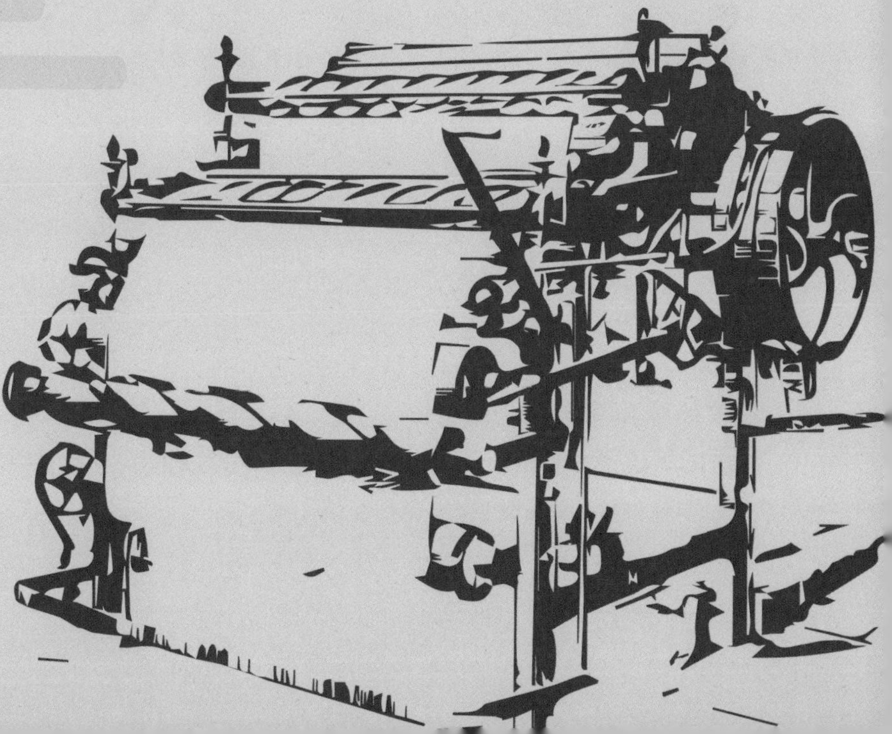

纸的起源——造纸术

小非遗传承人们，提到纸，你们会想到哪些纸呢？让我们先来做个小测试，看看大家都认识哪些纸？

写一写

请你写出下列纸的名称以及它们在生活中的用途。

名称：

用途：

名称：

用途：

名称：

用途：

小非遗传承人们，我想你们一定都发现了，随着科技的进步，人类根据不同的需求发明出了各种各样的纸，不过，最早发明纸的国家是中国。

小资料

造纸术

造纸术是中国四大发明之一，纸是中国古代劳动人民长期经验积累的成果和智慧的结晶，它是人类文明史上一项杰出的发明创造。

东汉元兴元年（公元105年），蔡伦改进了造纸术。他用树皮、麻头及敝布、渔网等原料造的纸，是现代纸的起源。这种纸，原料容易找到，又很便宜，质量也提高了，逐渐得到普遍应用。为纪念蔡伦的功绩，后人把这种纸叫作“蔡侯纸”。

多姿多彩的纸笺

我们本次课程的主角——纸笺，就是传统造纸工艺技术的延伸与发展，主要是对纸张进行再加工，以使纸的质地更优良，外观更精美，文化内涵更丰富。

目前我国纸笺种类繁多，有以纸笺加工使用的原料命名的，如云母纸、豆腐笺、泥金纸、羊脑笺、粉蜡笺等；有以纸笺外观命名的，如虎皮纸、冰琅笺、衍波笺、水纹纸、玉版笺等；有以纸笺加工工艺命名的，如煮捶笺、木版水印笺、砑花笺、拱花笺、刻画笺、洒金纸、金银印花笺等。

在纸笺历史名品中，还有不少以人名命名的，如左伯纸、薛涛笺、谢公笺等；也有以制作、收藏或发现地命名的，如澄心堂纸、金粟山藏经纸、端本堂纸、明仁殿纸、姑苏笺等，其中澄心堂纸、端本堂纸等是多种纸的统称。

纸笺如经过再次加工，还可制成册页、折页、扇面、手卷、印谱等。

接下来，就让我们一起来欣赏一些纸笺吧！

粉蜡笺

粉蜡笺始创于唐代，是我国最著名的纸笺之一，它诞生后，历代帝王都对它十分青睐，皇帝的诏书、敕谕，以及皇家的匾联等很多是在粉蜡笺上书写的，它有着“帝王纸”的美誉。粉蜡笺的制作工艺复杂，造价昂贵，它巧妙地融合了吸水的“粉”和防水的“蜡”两种材料，使纸张既不失易于书画的特点，又平滑细密、富于光泽，可历千年而坚韧如新。在其上描金勾银，绘以传统吉祥纹饰，则制成手绘描金粉蜡笺；在其上洒以金箔、银箔则制成洒金、银粉蜡笺；它与砑花工艺结合则制成砑花粉蜡笺；等等。

草木染色笺

经过浸泡、压榨、煎熬等方法提取植物内蕴含的有色汁液，再经过拖染或涂布等传统纸笺加工技艺将纸张染色，就制成了草木染色笺。我国经植物染色的纸张在1 400多年前的魏晋南北朝时期已普遍使用。常见用于染纸的植物有黄檗、板栗壳、艾草、苏木、红花、紫草、蓝靛、槐花、栀子等。

流沙笺

流沙笺至迟在我国唐代即已出现，因纸面纹理似流动的沙子而得名，又似飘逸的云彩，幻化多姿。传至日本、欧洲各国，被称作墨流笺。流沙笺的制作利用水溶液与颜料的比例不同的原理，使颜色浮于水溶液的表面，轻轻搅动，以纸覆于水面，拖曳而成。制作时可一色，也可多色混合，色彩斑斓，变幻莫测，没有两张流沙笺的纹理是相同的。

泥金笺

泥金笺出现在我国唐代，为中国古代名纸之一。泥金工艺起源于新石器时期，那时古人用植物黏液调和天然金粒，涂在石器表面起装饰作用。

泥金笺是将金粉均匀涂布在纸的表面制作而成的，金光满目，富贵华丽。泥金笺所用的金粉分真金粉、仿金粉两大类。真金粉色呈赤黄，经久不变；古代仿金粉多使用铜粉，但铜粉制作的泥金笺遇湿热则纸面易氧化变黑。2001年巢湖掇英轩进行创新，用现代金色珠光粉替代铜粉制作泥金笺，克服了铜粉的缺点，制作的泥金笺耐氧化，不变黑。

精美绝伦的巢湖纸笺

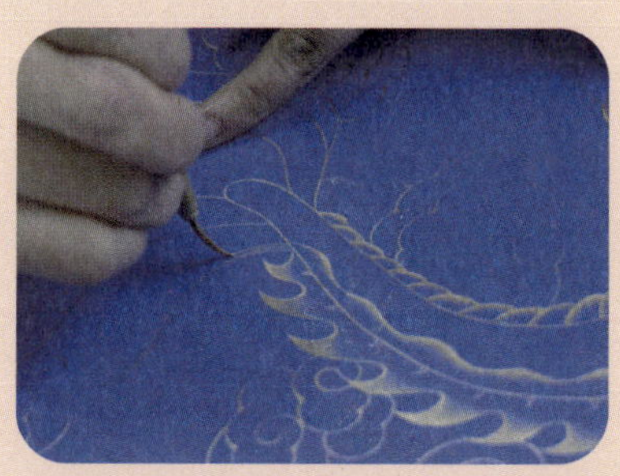

巢湖的纸笺为何如此出名呢？这离不开掇英轩纸笺加工艺人的潜心工作与努力钻研。

我国纸笺加工技艺虽源远流长，但技艺被记载下来的少之又少。随着时代的发展，许多纸笺加工技艺已经失传，而巢湖纸笺加工技艺传承人不畏艰难，致力于一些失传多年但现今尚有实用价值的纸笺的恢复性的研究、生产。如1999年，他们成功地使失传多年的纸笺名品——手绘描金粉蜡笺恢复生产。荣宝斋评价手绘描金粉蜡笺："做工精细，用料考究，其制作工艺在传统的基础上又有所创新，为同类产品中佳者！"

小活动1：认识不同类型的纸笺

（备注：请使用"小活动 1"材料包。）

请根据"小活动1"材料包，再结合前文关于不同类型纸笺的介绍，把相对应的纸笺贴在方框中。

粉蜡笺	草木染色笺	流沙笺	泥金笺

第二篇

历史长河中的纸笺

合肥巢湖纸笺的前世今生

HISTORICAL REVIEW

PAST LIFE AND PRESENT LIFE OF ART PAPER IN CHAOHU, HEFEI

纸的出现为我国乃至世界文化的发展做出了巨大贡献，纸笺加工技艺是造纸术的补充与完善，是传统造纸体系中最具特色的一大门类。巢湖纸笺之所以能重现古代精美纸笺，离不开手艺人的匠心精神。接下来，就让我们走近纸笺，看看手艺人与纸笺的旷世奇缘……

纸与笺

笺，本指系在简牍（dú）上用作标识、写有注文的狭条形竹片，后指用于书写的小幅精美纸张。纸笺是指经过加工得到的外表精美的纸张，以及经过使用性能、耐老化性能改善等再次加工而被赋予内在美的纸张。

最早的纸笺加工技艺

我国最早纸笺加工技艺的出现不晚于东汉末年。据史料记载，东汉末年“妍妙辉光”的左伯纸，其砑光技术已相当成熟。纸张的施胶、施粉涂布技术的出现不晚于晋代（265—420年），熟纸与粉笺由此诞生。

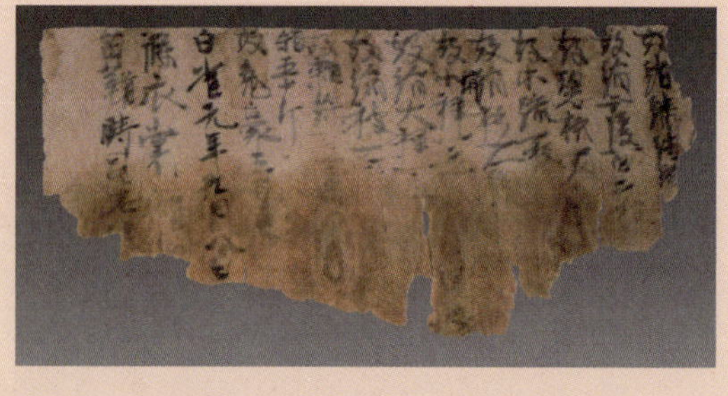

衣物券 后秦白雀元年（384年）

纸笺加工技艺的大创新时期

隋唐时期，大运河沟通了南北交通，带来了物质、文化和技术交流的便利。尤其是唐代中期，社会稳定，经济繁荣，国力强盛，百姓安居乐业，这为造纸和纸加工技艺的发展提供了物质保证和环境支持。唐代是纸笺大创新、大发展的时期，历代著名纸笺基本上都能溯源到唐代。唐代内府的许多部门都设有熟纸匠，专门从事熟纸（纸笺）生产。熟纸在宋、元、明、清历代均有生产，影响深远。熟纸得到广泛应用，从皇帝的诏书、敕令，朝臣的奏折，各州府的公文到文人书画用纸，大多使用熟纸，这促进了纸笺加工技艺的发展，新的纸笺品种不断出现，如蜡笺、粉蜡笺、泥金笺、流沙笺、砑花纸等。

在唐代中后期，一种专为书写短诗的染色小幅诗笺诞生，这便是后世广为传颂的薛涛笺。薛涛笺是以制作人薛涛而得名的。

唐代后的五代十国时期，社会动荡，政权更迭频繁，但这一时期纸笺加工生产继续保持唐代已有水平并有所创新，久负盛名的南唐“澄心堂纸”就出现于这一时期。

小资料

薛涛笺

薛涛（约768—832年），字洪度，自幼随父（薛郧 yún）入蜀，14岁其父死，生活陷入困境，16岁入乐籍，二十余岁脱乐籍搬至成都浣花溪居住，是一位精通作诗、书法、制笺等多种才艺的才女，于元和初年始创“薛涛笺”。

薛涛擅书法。北宋《宣和书谱》载：“妇人薛涛，……字无女子气，笔力峻激，其行书妙处颇得王羲之法。少加以学，亦卫夫人之流也。”其书法作品《萱草帖》等被北宋宣和内府收藏并记录在《宣和书谱》中，可惜早已失传。

唐末李匡义《资暇集》中载：“松花笺，代以为薛陶（涛）笺，误也。松花笺其来旧矣。元和初，薛陶（涛）尚斯色，而好制小诗，惜其幅大，不欲长，乃命匠人狭小之。蜀中才子既以为便，后减诸笺亦如是，特名曰‘薛陶（涛）笺’。今蜀纸有小样者皆是也，非独松花一色。”

薛涛笺千百年来被广为传颂，关于它的颜色，有人说是绯红色，有人说是深红色，有人说是猩红色，还有人说有十色之多。薛涛制作的薛涛笺早已消逝在历史长河中，我们现在已无法对其颜色、制作工艺等做出准确考证。薛涛笺最大贡献是创制了一种“短而狭”的纸笺规格，这种纸笺规格在节省用纸的同时方便唐人书写唱和短诗，受到广大文人雅士的喜爱。这种小规格纸笺逐渐被用于书信往来，遂逐渐演化为后世以各种小规格纸张制作的信笺、诗笺等纸笺品类。

填一填

小非遗传承人们，通过查阅才女薛涛的资料，你们学到了什么？

薛涛曾与哪些唐代著名诗人相互作诗唱和？____________________

____

薛涛笺出现的最大历史贡献是：____________________

____

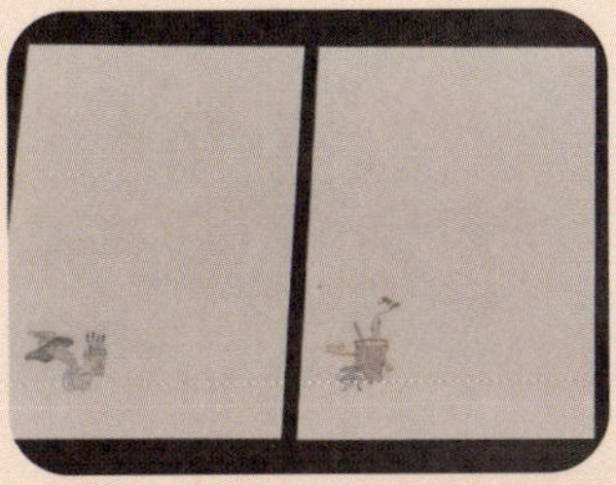

纸笺的全面成熟

宋代是中国古代科学技术发展的高峰，也是中国传统纸笺加工技艺全面成熟的阶段。宋代帝王多崇文重教，喜爱书画，自宋朝建立之初，皇家就设立翰林图画院，书画名家辈出，如蔡襄、苏轼、黄庭坚、米芾（fú）、王希孟、张择端、马远、夏圭等。北宋还有一位爱书画的皇帝——宋徽宗赵佶，他创造的书法“瘦金体”至今无人超越，留下了《瑞鹤图》《鹳鸽图》等传世画作，主持编撰的《宣和书谱》《宣和画谱》《宣和博古图》等美术史研究书籍，至今仍具有重要价值。这一切造就了宋代造纸及纸笺加工业的繁荣与发展。

现藏于辽宁省博物馆的北宋徽宗赵佶作品《草书千字文》，用纸为泥金绘云龙纹粉蜡笺，是我国目前发现的最早的粉蜡笺书法作品。这张泥金绘云龙纹粉蜡笺制作精美、工艺精湛，是北宋时期造纸及纸笺加工技艺全面成熟的历史见证。

到了宋代，唐代硬黄纸仍在继续生产，其中以金粟山藏经纸最为著名。在染色纸方面，拖染、刷染、浸染等纸的染色工艺已经成熟应用。从文献记载的染纸染料来看，这一时期有黄檗、槐花、葵叶、栀子、苏木、红花、紫草、蓝靛等植物色，也有朱砂、石黄、黄丹等矿物色，造就了宋代丰富多彩的一系列染色纸。宋代染色纸当以“谢公十色笺”最为著名，历史上与唐代薛涛笺齐名，有深红、粉红、杏红、明黄、深青、浅青、深绿、浅绿、铜绿、浅云十色。

研花笺、洒金笺、泥金笺、手绘笺等制作技艺在宋代均得以发展。

元代继承了唐宋以来的纸笺生产技艺，出现了如端本堂纸、明仁殿纸等历史名笺。

纸笺发展的新高潮

明代永乐、宣德年间，纸笺的发展达到了新的高潮。明宣宗朱瞻基作为帝王兼画家，对纸张要求高，拿出宫内所藏历代名纸作为标本，依式仿制，下令全面提高内府用纸质量并增加新品种，有力地促进了纸笺的发展，出现了素馨纸、羊脑笺等纸笺新品，故而能使“宣德纸”独领风骚一百多年。明代方以智的《物理小识》载“宣德纸”有“洒金笺、五色金粉、瓷青、蜡笺”。明末，饾（dòu）版水印（又称木刻水印）及拱花技艺已相当成熟，《萝轩变古笺谱》《十竹斋笺谱》两部笺谱巨作相继问世。

清代康熙、乾隆两代君主也是文采出众，也正值“盛世”之期，故而对纸张质量的要求不言而喻。这一时期，皇宫内府的纸笺作坊不计成本地大量仿制前代的名纸名笺，如仿金粟笺、仿澄心堂纸、仿明仁殿纸、仿宣德宫笺等，民间也纷纷仿效，纸笺的发展达到空前水平。清代中后期，泾县宣纸成为最主要的书画用纸，宣纸及用其加工的纸笺逐渐取代了“宣德纸”的地位，确立了在全国的霸主地位。

纸笺加工技艺的消亡与复兴

近代以来，我国从国外引入机制纸，严重冲击了传统纸笺行业，纸笺的发展由盛至衰，许多纸笺加工技艺逐渐消亡。

值得指出的是，20世纪30年代，鲁迅与郑振铎对岌岌可危的饾版水印及拱花技艺进行了抢救，搜集并出版了《北平笺谱》，随后，又翻印了明代《十竹斋笺谱》，为我国纸笺的保护与传承做出了突出贡献。

20世纪50年代，安徽泾县相继恢复了玉版宣、矾宣、云母宣、洒金笺等纸笺生产。改革开放后，伴随着我国经济的高速增长，人们对文化生活有了更高的要求，国内外对纸笺的需求逐年上升，从而激活了纸笺的恢复与发展。安徽泾县百岭轩、载元堂及安徽十竹斋、合肥工艺美术厂、巢湖书画社等都相继恢复了纸笺的生产，木版水印笺、色宣、砑花笺、洒金笺、矾宣、拱花笺、透光笺等纸笺均有生产。

20世纪80年代末，泾县百岭轩一些技术工人来合肥，和安徽十竹斋及合肥工艺美术厂等部分人员重新组合，成立合肥汉韵堂工艺厂。1992年，合肥掇英轩文房用品研究所又从汉韵堂分离出来。1994年，生产基地迁到巢湖市，后更名为巢湖市掇英轩文房用品厂。

巢湖纸笺融合了泾县、合肥、巢湖等地的纸笺加工技艺，为其后传承与创新纸笺加工技艺奠定了良好的基础，造就了巢湖纸笺加工技艺的丰富性与纸笺产品的多样性。

小活动2：制作我的“流沙笺”

（备注：请使用“小活动2”材料包。）

通过学习，我们了解到，“流沙笺”纸面纹理似流动的沙子而得名，又似飘逸的云彩，幻化多姿。现在，我们自己来制作独一无二的“流沙笺”吧！

第三篇

千锤百炼名远扬

合肥巢湖纸笺的加工技艺

WELL-KNOWN ARTISTRY

PROCESSING SKILLS OF ART PAPER IN CHAOHU, HEFEI

小非遗传承人们，前几堂课我们已经了解了各式各样美丽而雅致的纸笺，你是否想知道它们是如何做出来的呢？现在，我们就来一探究竟！

找一找，填一填

纸笺的类型多种多样，现在请你们找一找，在前文中已经出现过哪些不同类型的纸笺呢？

我在前文中找到了 ________________________________

________________________________ 等类型的纸笺。

除此以外，我还通过查找资料认识了其他的纸笺类型，它们是 ______

____

学到这儿，不少小非遗传承人要问了，这么多不同类型的纸笺，它们的加工技艺一样吗？答案是：不一样！

接下来，就让我们一起走近巢湖纸笺的加工技艺，去一探纸笺的加工技艺吧！

制作纸笺的设备及工具

纸笺制作是一项复杂的工艺，运用到的设备及工具也是非常多的，有画案、木版水印桌、裱褙台、涂布台、挣板、晾纸架、毛笔、排笔、底纹笔、杯、碟、盆、桶、喷壶、竹起、竹铲、裁纸刀、剪刀、刻纸刀、木刻刀、砑石、熨斗、毛巾、棕把、棕刷、拖纸盆、木棍、夹子等。

棕把

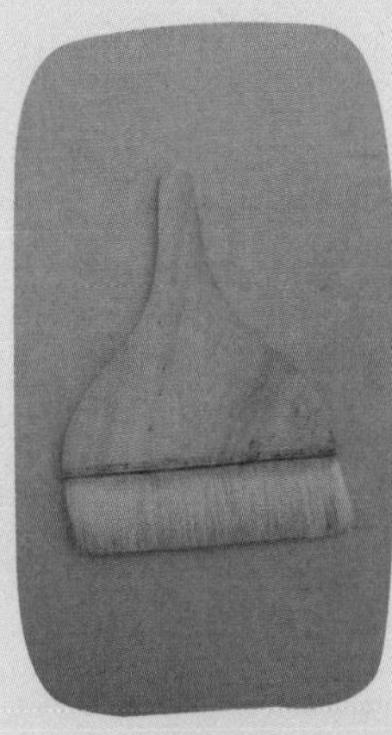

底纹笔

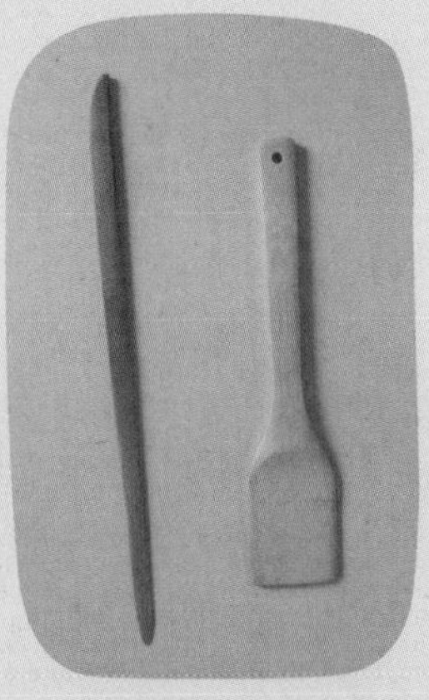

竹起与竹铲

砑石

排笔

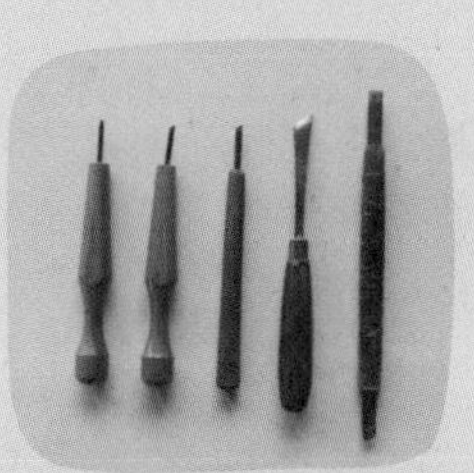

木刻刀

装金、银粉的杯和碟

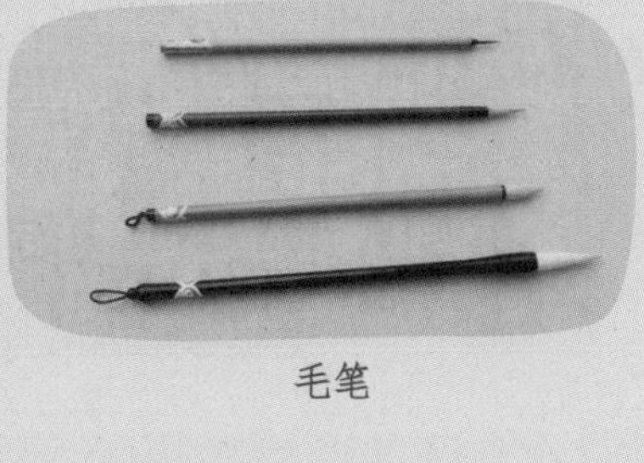

毛笔

制作纸笺的原材料与辅料

常用的原材料 宣纸、楮皮纸、雁皮纸、麻纸、竹纸、龙须草纸等。

辅　　料 矿物性、植物性、动物性辅料三大类。矿物性辅料有朱砂、雄黄、石青、赭（zhě）石、云母、高岭土、白垩、金箔、银箔、铜粉、铝粉等，植物性辅料有黄檗、皂角、板栗壳、蓝靛、苏木、花椒、白及、小麦淀粉等，动物性辅料有蛤粉、珊瑚粉、蜂蜡、骨胶、鹿皮胶等。

蜂蜡

鹿皮胶

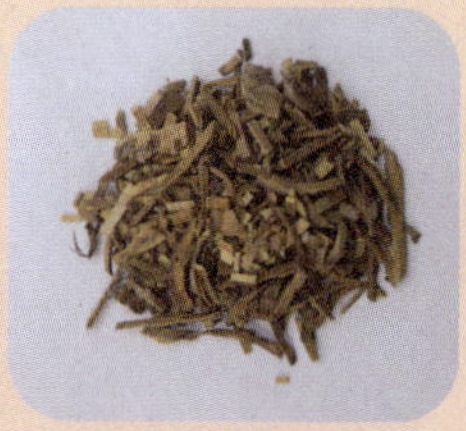
黄檗

板栗壳

皂角

朱砂

雄黄

赭石

银箔

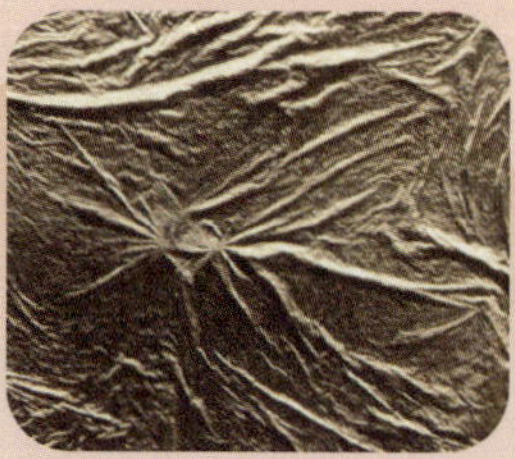
金箔

小资料

皂角

皂角，又称皂荚，豆科皂荚属，落叶乔木。多刺，羽状复叶，夏开黄色蝶形小花。结实成荚，呈剑鞘状，略弯曲，长100~400毫米，宽约40毫米，厚10~15毫米。种多数，扁椭圆形，黄棕色，光滑，质硬，有刺激性，味辛辣。

皂角是医药食品、保健品、化妆品及洗涤用品的天然原料。皂角种子可消积、化食、开胃，并含有一种植物胶（瓜尔豆胶），是重要的战略原料。

朱砂

朱砂又称辰砂、丹砂、赤丹、汞沙，主要成分是硫化汞（HgS），是炼汞最主要的矿物原料。其晶体可作为激光技术的重要材料。中国古代用它作为炼丹的重要原料。

朱砂的粉末呈红色，经久不褪，我国利用朱砂作颜料已有悠久的历史。“涂朱甲骨”指的就是把朱砂磨成红色粉末涂嵌在甲骨文的刻痕中以示醒目。“朱笔御批”指的是封建社会的历代帝王利用朱砂的红色粉末书写的批文，是为了使其更加醒目和长期保存。

金箔

金箔是用黄金锤成的薄片。黄金由于具有良好的延展性和可塑性，31.25克纯金可锤成0.000 1毫米厚、面积为16.2平方米的金箔。黄金性质稳定，永久不变色、抗氧化、防潮湿、耐腐蚀、防变霉、防虫咬、防辐射，用黄金制成的金箔具有广泛的用途。

纸笺加工技艺

小非遗传承人们，在了解了纸笺加工所需要的工具以及原材料后，接下来就让我们一起来了解一些纸笺加工技艺吧！

纸笺加工技艺主要包括配料、拖染、涂布、描绘、洒金、托裱、砑花、砑光、雕版、饾版水印、拱花、拓印、裁切等，配料工艺往往是纸笺加工技艺中秘不外传的核心技艺。

不同的纸笺品种需采用不同的纸笺加工技艺，通过一种、两种或多种技艺的综合运用制作出丰富多彩、性能各异的纸笺。纸笺的制作涉及雕刻、浸染、刻纸、书面、扎染、泥金等多种传统技艺门类。

第四篇

匠心“复活”中国美

合肥巢湖纸笺的传承与发展

REVIVE CHINESE ART

INHERITANCE AND DEVELOPMENT OF ART PAPER IN CHAOHU, HEFEI

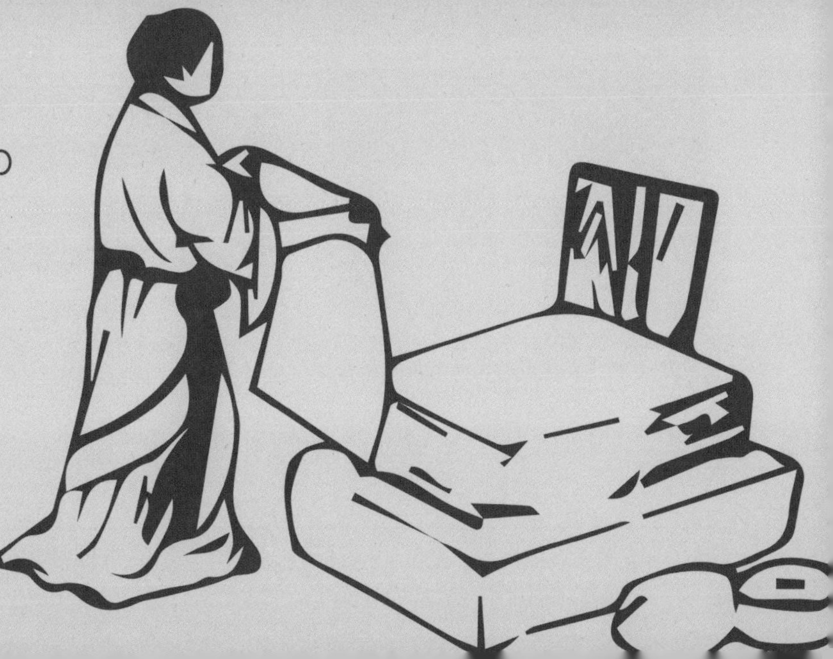

纸笺加工技艺是对纸张进行再加工的技艺。与普通纸张相比，“加工纸笺”上面多了图案，也多了颜色，比加工前的纸张更精美，更实用、耐用，富有更高的文化内涵。纸笺用途广泛，如可制作灯笼、名帖等，作为剪纸、书籍装帧的材料等。

真金手绘五言祥云金龙纹大红粉蜡笺
2012年 刘靖（仿制）

重获生机的纸笺加工技艺

近代以来，纸笺加工技艺曾几度面临失传危机。而改革开放之后，在几代艺人的努力下，终于逐步“复活”了纸笺加工技艺，这门历史悠久的手艺获得了新的生机。今天纸笺的产地主要集中在北京，天津，上海，安徽的合肥、泾县，江苏的南京、苏州，浙江的杭州、富阳，四川的夹江等地，在云南、福建、贵州、湖南、山西、青海、西藏等地也有少量分布。其中，北京荣宝斋、上海朵云轩为国家级非物质文化遗产代表性项目“木版水印技艺”保护单位，安徽巢湖的掇英轩为国家级非物质文化遗产代表性项目“纸笺加工技艺”保护单位。

小资料

木版水印

荣宝斋是一家驰名中外的经营文房四宝的老字号店铺，迄今已有300余年的历史。荣宝斋的特色为木版水印。

木版水印是中国特有的一种古老的手工印刷技术，用这种方法印制出来的中国画酷似原作，可以达到“乱真”的程度，鲁迅、郑振铎先生见后曾称它为琉璃厂诸笺肆中之“白眉”。

传承与发展

提到“掇英轩纸笺”，就不得不提刘靖，他为纸笺加工技艺的传承与发展做出了不懈的努力。

为传承和发展纸笺的加工技艺，从2007年起，刘靖每年都应邀到中央美术学院为本科生开设纸品加工课。他讲授的课程深入浅出，理论紧密联系实际，很受学生欢迎，旁听的人也很多，甚至还常有日本、韩国等国的留学生来听课。

2017年，刘靖筹划已久的“掇英轩纸笺加工技艺传承基地”开建，除了研发、展览功能之外，技艺传习将成为基地的重要功能。

合肥巢湖纸笺加工技艺传承人名片

传承人： 刘靖　**擅长：** 纸笺加工技艺

荣誉称号： 国家级非物质文化遗产“纸笺加工技艺”代表性传承人、中国文房四宝纸笺艺术大师、中国艺术研究院民间艺术创作研究员、高级工艺美术师

代表性作品：《真金手绘缠枝正龙纹瓷青粉蜡笺》《真金手绘行龙纹双面粉蜡笺》《真金手绘羊脑笺写经折页》

成长历程：

刘靖的父亲刘锡宏在20世纪80年代曾就职于安徽省工艺品进出口公司，负责文房四宝的出口业务。有一次，他带团出访日本，一位日本造纸专家拿出自己收藏的中国古代粉蜡笺对他说：“这是你们祖先制作的最好的纸，可惜现在你们做不了了。”这件事深深地刺激了他。回国后，他开始深入调查粉蜡笺的制作及市场。他发现国内有关粉蜡笺的制作工艺早在清代末年就已失传。当时，他也没有精力去实现他的梦想，只能将希望寄托在下一辈身上。

刘靖自幼深受家庭熏陶，耳濡目染，对纸笺加工技艺有了初步的认识。1995年10月，在父母的指引下，刘靖从省城合肥返回老家巢湖市黄麓镇，逐步走上了“纸笺加工技艺”的传承之路。

在学习过程中，他先后向十竹斋、古稀斋等单位的老艺人虚心请教，学到了很多宝贵的纸笺加工经验。数次到北京荣宝斋、故宫博物院、安徽博物院、泾县宣纸博物馆等地，找寻纸笺历史实物资料，从实物遗存中去分析、比对、学习。

在学习研究纸笺加工技艺过程中，他先后得到中国科学院古纸研究专家潘吉星教授、中国科学技术大学科技史与科技考古系张秉伦教授、荣宝斋顾问米景扬等人的指点与帮助。

1997年7月到11月，他历时四个半月，在总结前人失败经验的基础上，经过数百次的实验，终于成功恢复了代表我国纸笺加工最高技艺的手绘描金粉蜡笺制作技艺。

刘靖先后荣获“文化部非物质文化遗产保护工作先进个人”“中国文房四宝纸笺艺术大师”“江淮工匠标兵”等荣誉称号，并荣获“安徽省五一劳动奖章”。2018年5月，又被文化和旅游部评定为国家级非物质文化遗产代表性传承人；2019年1月，获得合肥市政府首批政府特殊津贴。

2019年，刘靖筹资建设的4 800平方米的“掇英轩纸笺加工技艺传承基地”第一期工程建设完成并投入使用，将逐步建成集技艺传习、生产研发、互动体验、展览展示为一体的纸笺加工技艺传承基地。巢湖纸笺的传承与发展迎来了更加灿烂的明天。

合肥巢湖纸笺技艺之“花纸”

小非遗传承人们，请你们使用相关工具和材料，发挥想象，制作属于自己的美丽“花纸”。

（备注：请使用“STEM实践探索”材料包。）

了解造纸过程。

能够根据流程图，完成“花纸”的制作。

设计并制作“花纸”。

根据实际情况，放入适量干纸浆片。

材料和工具： 干纸浆片、装饰物（压花、亮片）、造纸网框、麦秆勺子、搅拌器等。

非遗故事

STEM科学探索

INTANGIBLE CULTURAL HERITAGE STORY

THE STEM EXPLORATION COURSE

② 荆州铅锡刻镂技艺

组　　编　世茂集团

本册编者　褚克斌

　　　　　彭加同

河南科学技术出版社

·郑州·

图书在版编目（CIP）数据

非遗故事：STEM科学探索 / 世茂集团组编. —郑州：河南科学技术出版社，2021.1
ISBN 978-7-5725-0253-8

Ⅰ.①非… Ⅱ.①世… Ⅲ.①非物质文化遗产-中国-青少年读物 Ⅳ.①G122-49

中国版本图书馆CIP数据核字（2020）第259531号

出版发行：河南科学技术出版社
地址：郑州市郑东新区祥盛街27号　邮编：450016
电话：（0371）65788613　65788642
网址：www.hnstp.cn
策划编辑：马艳茹　刘燕芳
责任编辑：薛　雪
责任校对：耿宝文
版式设计：邵　艳　郭振江
责任印制：朱　飞
印　　刷：河南博雅彩印有限公司
开　　本：787 mm × 1 092 mm　1/16　印张：13.25　字数：250千字
版　　次：2021年1月第1版　2021年1月第1次印刷
定　　价：98.00元（全套6册）

如发现印、装质量问题，影响阅读，请与出版社联系并调换。

本书编委会

组编

世茂集团

编委

邵　亮	蒋玉华	李　洁	黄佳琳	戴　昊	谢天天
孔云峰	陶轶敏	褚克斌	彭加同	陆璐露	刘　靖
王玉婷	贺云飞	陈美霖	王文定	芦爱玲	张　敏
郭振江	邵　艳	吴　佳			

支持单位

安徽省掇英轩书画用品有限公司

研学旅行活动报告单

班级：________________　　指导教师：________________

<table>
<tr><th>步骤</th><th colspan="2">研学活动记录</th></tr>
<tr><td>提出问题</td><td colspan="2"></td></tr>
<tr><td rowspan="5">小组分工</td><th>小组成员</th><th>任务分工</th></tr>
<tr><td></td><td></td></tr>
<tr><td></td><td></td></tr>
<tr><td></td><td></td></tr>
<tr><td></td><td></td></tr>
<tr><td>收集信息</td><td colspan="2"></td></tr>
<tr><td>整理分析信息</td><td colspan="2"></td></tr>
<tr><td>解决方案</td><td colspan="2"></td></tr>
<tr><td></td><td colspan="2"></td></tr>
</table>

说明：（1）将研学活动的过程仔细记录下来并保存好。

（2）将研学小组各个成员收集的信息和所做的分析报告附在报告单后面。

（3）将研学小组认为最有价值的信息和分析报告的内容填在活动报告单内。

世茂写给孩子们的话

“你的家乡在哪里？能给大家介绍一下你的家乡吗？”同学们，从小到大，你们是不是遇到过很多次这样的问题？而你们都是怎么回答的呢？

辽阔的中华大地承载着灿烂而丰富的文明，中国的每一座城市都拥有独特的文化，它们以多种多样的方式呈现出来，可能是传统的口头文学、美术书法作品、手工艺品，也可能是礼仪、节庆等民间风俗。我们常把这些各族人民世代相传、视若珍宝的传统文化表现形式称作非物质文化遗产，简称“非遗”。我们从城市中精选出具有代表性的非物质文化遗产，通过有趣好玩的形式，给大家讲述家乡祖辈文化传承的故事，希望大家能够深度了解自己家乡的文化宝藏，做一个真正的小非遗传承人。

目录
CONTENTS

大家好！欢迎加入“非物质文化遗产STEM科学探索”团。

每一座城市都有它独特的文化和传统，非物质文化遗产就是其中的重要组成部分。这些非物质文化遗产也是中华传统文化的精髓。让我们走近这一座座城市，聆听非遗故事，传承非遗文化，体味爱国情怀，坚定文化自信。

现在，我们的“非物质文化遗产STEM科学探索”团来到三国名城——荆州。

本册书总计5篇，涉及的学科知识有：

历 史

荆州历史、荆州非遗文化历史

地 理

荆州城市地理

人 文

楚文化、青铜器、“三国”代表人物、荆州非遗

数 学

测量作品的尺寸、翻模及相关活动过程中的数据

艺 术

铅锡刻镂技艺中的工艺及其作品所呈现的多样性

物 理

刻镂技艺中铅、锡等固态与液态的转变

序篇

古韵青铜

走近荆州

THE QUAINT CHARM OF BRONZE

GETTING CLOSE TO JINGZHOU

印象荆州

荆州在古代是一个很大的区域，“禹分九州”时的荆州包括长江中游的广大地区。现在的荆州与那时相比，不足古时荆州面积的五十分之一。它是湖北省的一个地级市，位于湖北省中南部，长江中游，江汉平原腹地。荆州东连武汉，西接宜昌，南望常德，北毗（pí）荆门、襄阳。

这里土地肥沃，物产丰富，堪称“鱼米之乡，中部粮仓”。境内湖泊湿地繁多，湿地面积约占全市面积的四分之一，“城在湿地中，湿地在城中”。境内还有松滋洈（wéi）水国家湿地公园、石首麋（mí）鹿自然保护区等国家级湿地公园、自然保护区。

楚文化的发祥地

荆州是春秋战国时期楚国都城所在地。公元前689年，楚文王在现在的荆州市荆州区纪南城建立都城，称郢（yǐng）都，历二十王，定都长达411年，创造了辉煌灿烂的楚文化。荆州地区的东周墓葬群出土了数十万件的青铜器、玉器、漆木器、陶器，以战国丝绸、越王勾践剑为代表，无不彰显着楚文化的熠熠光辉！

此外，荆州人杰地灵，伟大的爱国诗人屈原、“一鸣惊人”的楚庄王、楚国名相孙叔敖、吴国名将伍子胥、万历首辅张居正等都是从荆州这片土地上走出来的杰出人物。

三国故事核心区

荆州物阜（fù）民丰、九州通衢（qú），地理位置十分显要。三国时期，它是魏、蜀、吴三国的交界之地，占据天时地利，对魏、蜀、吴三方都有着非常重要的意义，是兵家必争之地。据统计，篇幅达一百二十回的《三国演义》，有数十回与古荆州有关。乌林、华容道，当年战场风景犹在；诸葛亮、刘备、张飞、关羽、赵云，昔日英雄妇孺皆知。

文人笔下的荆州

荆州歌 ［唐］ 李白

白帝城边足风波，
瞿塘五月谁敢过。
荆州麦熟茧成蛾，
缲丝忆君头绪多。
拨谷飞鸣奈妾何。

荆州歌 ［宋］ 陆游

楚江鳞鳞绿如酿，衔尾江边系朱舫；
东征打鼓挂高帆，西上汤猪联百丈。
伏波古庙占好风，武昌白帝在眼中；
倚楼女儿笑迎客，清歌未尽千觞空。
沙头巷陌三千家，烟雨冥冥开橘花；
峡人住多楚人少，土铛争饷茱萸茶。

小链接

大意失荆州

三国故事中，刘备做了汉中王之后，关羽攻打襄阳和樊城。关羽眼看就要夺取樊城，曹操采纳司马懿之计，一面调五万精兵去救援樊城，一面联结东吴，叫孙权暗袭荆州。那时，东吴守将是大将吕蒙，作战厉害。关羽为防吕蒙，留下重兵防范，吕蒙难攻。这时，陆逊献计吕蒙：关羽自恃英勇无敌，所怕的就是吕蒙。如果吕蒙将军离开，关羽一定中计。吕蒙依计而行，假借生病辞职，然后孙权拜陆逊为偏将军。关羽果然中计，关羽没有听过陆逊这个名字，便放松了警惕。他把荆州一大半的兵力调到了樊城，准备打一场大仗。结果，吕蒙率吴军破荆州。关羽在樊城带领败军撤退，公安、南郡都归了东吴。关羽无处可去，只好带着残兵驻扎在荆州附近的麦城。最后在从麦城逃往西川的小路上被吕蒙设计捉住。关羽不愿投降，被孙权下令斩首。关羽死后，他的赤兔马不吃不喝，很快也死了。

关羽大意失荆州后，张飞为了给关羽报仇，匆忙上阵，对部下过于苛刻，大醉之后被部下所杀。刘备也被打得一蹶不振，病死在白帝城。

大意失荆州，现比喻因疏忽大意而导致失败或造成损失，有粗心大意、骄傲轻敌的意思。

走近荆州非遗

非物质文化遗产是指各族人民世代相传并视为其文化遗产组成部分的各种传统文化表现形式，以及与传统文化表现形式相关的实物和场所。荆州作为“楚国故都、三国名城”，悠久的历史孕育了这里灿烂的文化。鼓盆歌、马山民歌、啰啰咚、荆河戏、说鼓子、铅锡刻镂技艺、楚式漆器髹（xiū）饰技艺等非物质文化遗产，正传递着荆州人民祖祖辈辈生活的智慧，承载着荆楚地区的文化内涵，彰显着荆楚地区的文化底蕴。

鼓盆歌

鼓盆歌是一种非常古老的曲艺形式，源于我国古代的“击缶”“鼓盆”。其拥有原生态的表演形式：一面鼓，一对槌；焚香点灯，数人围坐。鼓盆歌风格遒劲，堪称荆楚文化的“活化石”，具有见证中华民族传统文化的独特价值。在这种艺术形式的传承与发展中，荆州鼓盆歌艺人们不断创作、改编，使其曲目积累丰富，蔚为壮观。2006年，鼓盆歌被列入第一批国家级非物质文化遗产名录。

楚式漆器髹饰技艺

楚式漆器髹饰技艺是一种民间漆器髹饰传统技艺。它以精巧奇妙的造型、繁缛神秘的纹样、流光溢彩的色调、丰富深厚的精神内涵，形成了鲜明独特的艺术风格。在春秋战国时期，楚式漆器髹饰技艺的工艺就已达到了极高水平。髹漆彩绘榫卯木雕类、金漆盆盘类及甲骨胎漆器为其主要品类。2 000多年来，这一独具东方文化特色的荆楚传统技艺在荆沙地区世代传承。保护传承楚式漆器髹饰技艺，对研究东方漆艺及荆楚文化具有重要意义。

楚式漆器髹饰技艺入选第三批国家级非物质文化遗产扩展项目名录。

铅锡刻镂技艺

铅锡刻镂技艺，是湖北省荆州市地方传统技艺。据铅锡刻镂技艺的传承人敖朝宗介绍，这种技艺不是一下子形成的，是很久以前祖辈匠人们通过联姻的方式，将不同的技艺收集、改进，才形成了这样一套完整的技艺。铅锡刻镂技艺是用于制作、复制古代青铜器的一种制模技艺。技艺工序繁杂，具有隐秘性特征，一直为工匠们私传。2011年5月23日，铅锡刻镂技艺经国务院批准列入第三批国家级非物质文化遗产名录。

第一篇

了不起的民间艺术

走近荆州铅锡刻镂技艺

GREAT FOLK ART

GETTING CLOSE TO JINGZHOU LEAD AND TIN CARVING SKILLS

荀子曾南游楚国，在他的《荀子·强国篇》中有述：“刑范正，金锡美，工冶巧，火齐得，剖刑而莫邪已。”其中“刑范正，金锡美”表明当时楚国的制模技艺很讲究。

猜一猜

这些青铜器是什么？有什么用？

铅锡刻镂技艺是用来制作、复制古代青铜器的一种制模技艺。你了解青铜器吗？在古代，楚国地域辽阔，物产丰富，境内铜矿极为丰富。

荆州作为楚国的都城，是南方青铜器的重要发掘地，出土过不少纹饰繁复、精美绝伦的楚式青铜器。青铜器按照器物的用途和形制特点，一般可分为食器、酒器、水器、乐器、兵器等。

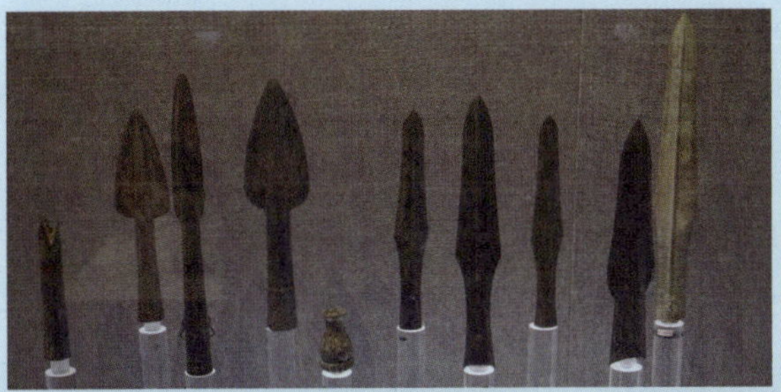

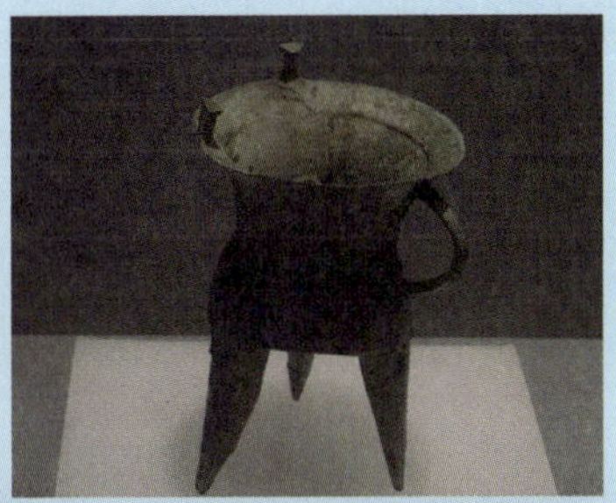

青铜器

青铜是红铜(纯铜)与锡或铅的合金，因其铜锈呈青绿色，故名青铜。青铜器就是以青铜为基本原料加工制成的器皿，在古代主要用于祭祀与战争。青铜器虽然好看，但是重、脆，并且它的主要原料铜在地壳中含量少，因此造价较高；而铁的韧性比青铜好，熔点高，铁矿在地壳中的蕴含量高，相对青铜来说比较便宜，可在各方面被广泛运用，需求量很快超过了青铜。战国末期到秦汉时期，青铜器就逐步被铁器取代了。

青铜器是怎样制作的?

青铜器工艺的冶铸方法与青铜器的造型及装饰方法密切相关。青铜器都是铸成的，不是敲击或剜凿成的。铸造是把原料放在熔炉内，经高温熔化成液体，然后倒入模型中，待温度下降后，铜液在模型中就凝成了所要求的器物。拆除范（模子，制作器物的模型）便得到了成品。冶炼青铜需要的温度是1 000℃左右。青铜器的范是陶制的，由多块拼成，一部分称为外范，上面有花纹，外范在翻铸时形成铜器器形的外面；一部分是内范，在翻铸时形成铜器器形的内面。外范和内范全部拼合在一起时，内外之间空隙部分留待铜液填充，形成所要制作的铜器。所以，范上的凸凹和左右与实际器物上的凸凹和左右应恰恰相反。在安阳曾发现了很多陶范和制造陶范所用的“模”。“模”就是模仿实际的铜器的形状，是制范的坯型。直接用陶范翻铸铜器是古代青铜器铸造的常用方法。

青铜器的制模与修复技艺

·范铸法

范铸法又称模铸法，先以泥制模，雕塑各种图案、铭文，阴干后再经烧制，使其成为母模；然后再以母模制泥范，同样阴干烧制成陶范，熔化合金，将合金浇注入陶范范腔里成器，脱范后再经清理、打磨加工后即为青铜器成品。

·分铸法

分铸法是先将器物的小件如提梁、把手等浇铸好，再将浇铸好的小铸件嵌放在器的主体范上加以固定，与待铸青铜器固定部件或活动部件的空腔套嵌在一起，中间再用范料隔开。这样，先铸的部件和器体就能固定或套铸在一起了。

·焊接法

有的器物则先铸器体，再合铸附件或附饰。这种将分铸好的器身和耳、足等附件连接起来的方法就称为焊接法。其实，焊接法是分铸法中极其重要的一环，有时也称分铸焊接法。

·失蜡法

失蜡法也称“熔模法”，是一种青铜等金属器物的精密铸造方法。其做法是用蜂蜡做成铸件的模型，再用别的耐火材料填充泥芯，敷成外范。加热烘烤后，蜡模全部熔化流出，使整个铸件模型变成空壳。再往内浇灌熔化的合金，便可铸成器物。以失蜡法铸造的器物玲珑剔透，有镂空的效果。

独特的铅锡刻镂技艺

战国时期的楚系青铜器是构成楚文化的六大支柱之首，它比其他类型的青铜器文化更注重形象化的造型语言。而铅锡刻镂技艺是制作和复制楚式青铜器的重要工艺。它的独特之处在于一块用铅锡板制成的模可以永久保留，多次使用。这是利用了铅锡板柔软、延展性好，同时具有一定硬度的特点。这种模具有成型稳定的特点。

小活动1："铜是怎样炼成的"模拟实验

（备注：请使用"小活动1"材料包。）

在漫长的历史长河中，我们的祖先在冶炼铜和铁、应用铜铁器的实践中，以及在探索各种物质所发生的变化的实验工作中，逐渐对铁和铜与盐类相接触而发生的化学反应有了一定的认识。

湿法炼铜，以我国为最早，是湿法冶金的起源，在世界冶金史上占有重要的地位。现在，让我们一起去探索吧！

第二篇

古法技艺的重现

铅锡刻镂技艺的发展

REAPPEARANCE OF THE ANCIENT SKILLS

DEVELOPMENT OF JINGZHOU LEAD AND TIN CARVING SKILLS

越王勾践破吴剑，专赖民工字错金。银镂玉衣今又是，千秋不朽匠人心。

——郭沫若

著名诗人郭沫若先生曾经对铅锡刻镂技艺做出了高度的评价，称赞铅锡刻镂技艺使千百年前的青铜时代器皿在现代重现曾经的传奇。

铅锡刻镂技艺的非遗之路

敖朝宗的祖辈是九十埠街（现荆州沙市区的胜利街）有名的工匠，祖父敖天星的铺子叫"老裕成"，外公胡幼清的铺子叫"老久凤"，铅锡刻镂技艺在那时就被广泛用于金、银、铜器的制作。敖朝宗从小耳濡目染，13岁拜师学艺，向爷爷学习铅锡刻镂技艺，并在父亲的推荐下不断地向其他行当的师傅们学习，掌握了不同的技艺，如铸造、焊接、钣金、白铁、轮轴、镏金、错银等。

2010年5月，作为楚文化青铜器铅锡刻镂技艺的代表性传承人，敖朝宗带着作品参加了上海世博会，向世界展示了精美的楚系青铜器。2010年6月，文化部公示了第三批国家级非物质文化遗产名录，湖北荆州"铅锡刻镂技艺"榜上有名。2011年，铅锡刻镂技艺被正式列入国家级非物质文化遗产名录。

2010年10月，在济南举办的全国首届非物质文化遗产博览会上，敖朝宗的青铜器作品《镶嵌云纹盒》荣获了银奖。它的复制，是铅锡刻镂技艺的代表。要完成它，需要严格按照铅、锡和铜的古代配方调配原料，然后进行雕刻与铸造，工艺复杂而精细，打造成至少耗时8个月。

2012年8月，铅锡刻镂技艺进驻武汉高龙城非物质文化遗产生产性保护传承园。

2012年，传承人敖朝宗的作品《神兽》在天津全国非物质文化遗产展示会上展出。后来，《神兽》作为铅锡刻镂技艺的代表被印在了中国邮政发行的邮票上。

2017年10月，在武汉市举行的第二届中国长江非物质文化遗产大展上，铅锡刻镂技艺亮相。

因为铅锡刻镂技艺的实用价值——它在现代社会中对于文物修复发挥着重要作用，所以它没有像其他一些传统技艺一样面临失传的危险。

铅锡刻镂技艺的作用——修复青铜器

在古代，青铜器被称为“邦国大器”，青铜器的发展程度反映了一个地区的经济发达程度。现在人们用铅锡刻镂技艺制作、复制的青铜器纹饰精细、流畅自如，铸造出来的青铜器纹饰造型与出土的古代青铜器极为相似。正是因为铅锡刻镂技艺的传承，这些精美的青铜艺术品才能够更好地展示它们原有的光彩，再现中华民族悠久而灿烂的文化历史。

近年来，铅锡刻镂技艺传承人敖朝宗父子致力于文物修复及复制，曾多次受邀到湖北省文物考古研究所、湖北省博物馆参与文物发掘与复制工程，曾远赴俄罗斯进行文物修复，为青铜器的研究做出了卓越的贡献。

再现青铜工艺辉煌

楚系青铜器更注重形象化的造型语言，制作工艺上，最突出的是错金银、嵌红钢、包金银、镏金和刻镂等技术的发明和应用。而这些技术只能在铅锡刻镂的原模基础上才能完成。

人们曾认为楚系青铜器纹饰技艺已失传，敖朝宗的楚系青铜器一经公开，众人惊喜万分。他用传统方法制作、复制青铜器，其中一道制作工序——铅锡刻镂技艺，其细如发丝的纹饰雕刻令不少专家折服，再现了青铜工艺的辉煌。

小活动2：古法技艺的重现之体验刻镂技艺和制作外范

（备注：请使用“小活动2”材料包。）

（1）体验铅锡刻镂技艺。

（2）制作外范。

第三篇

匠心独具，再造青铜

铅锡刻镂技艺的操作流程和技法

REPRODUCING BRONZE WITH INGENUITY

PRODUCTION PROCESS AND SKILLS OF LEAD AND TIN CARVING

敖朝宗现在的作坊位于荆州长江大桥南岸公安县埠河镇的长江边上。

铅锡刻镂技艺是一种用于制作、复制青铜器的制模技艺。通过打击、扭曲、编织、挤压、刻镂等手法，把平面纹饰和立体、扭曲、镂空等造型结合起来，把器物形状和动物形态结合起来，最终完成精致的模型。

铅锡刻镂所需的材料与工具

需要的材料：焦炭、铜水、铅锡板、陶土、石膏等。

需要的工具：刮板、雕刀、錾（zàn）子、冲子、磨料、磨具，砂箱、选型工具，熔铜炉、熔铅锡炉（小样用）、拔火杆、铁钳、铳（chòng）杆、坩（gān）埚。

铅锡刻镂技艺操作流程

铅锡刻镂技艺工序繁杂，一般要通过打样、制模、编花、刻镂、试模、审模、制范、选料、铸造、打磨、成品等过程，把平面纹饰和立体、扭曲、镂空等造型结合起来，把器物形状和动物形态结合起来，最终完成特定的模型。

1.制模

“制器先有模，无模难成器，成模有尺寸”“成模上铅锡，刻镂驰其中”“圆刮方削成模道，动物成模先观形”“分划分三四，六八方位出，宫格画纹饰，上下高低皆有度，反复比较能安心”。这些都是制模的规则和技巧。

2.雕刻

铅锡刻镂技艺重刀功，雕刻时要“肩背紧、手腕活，脚落地、手落桌”；下刀要“挑刀指用劲，以免伤眼窝”“用刀力必致，用针力上尖”；尽管花饰繁缛，但是有章可循，“单元相同刻一侧，花形相对刻一片，平起平走刻一排”，这样“每刀相连，前后相引”，方能“四平八稳，镂花凝重”；雕刻过程也是磨砺心智的过程，“恒定心力，眼手一致，宁停不急”“紧而不急，慢而不松，心气平和”；刻错了也不必担忧，“如有错，宁可错不可乱”。

3.改动

铅锡刻镂的特点还在于，一旦刻错缺损，不必从头做起，施行局部修复即可，“审形若要改，改动应先思”。

独到的技艺——铅锡制模

铅锡刻镂技艺是敖家数代人经过无数次的试验、创新改进而成的。古代制模多用泥模、蜡模，但楚系青铜器纹饰繁丽，泥模、蜡模等保证不了造型效果，刻镂力度更难把握。敖家在遵循传统的基础上，用现代技术把泥模改成铅锡模。铅锡软而柔，延展性好， 造型方便又适用于各种刻镂技法。

制模流程：

（1）设计图纸。

在纸上勾勒出青铜器上需要镂刻的图案。

（2）制作刮板。

制作一个用于刮削青铜器泥胎的刮板。

（3）刮模。

利用刮板将石膏做成模（胎）。

（4）制模。

将铅锡板剪切成相应的形状，贴在模上，通过敲打使它与胎吻合，根据样板在铅锡板上雕刻花样或制作镂空。

（5）制范。

将铅锡板固定在盒子里，并在里面灌注石膏，使铅锡模的外形和纹饰反印在石膏上。

（6）模完成。

将石膏取出，灌注铜或者铝等材料，再取出铜模或者铝模组合成完整的模。

利用铅锡板制模是铅锡刻镂技艺的核心技术。铅锡板柔软，延展性好，又有一定的硬度，便于雕刻花纹或者塑型。青铜器的花纹多数都是对称的，因此，利用铅锡板进行制模时，只需制其中的一个部分，这一部分的模可以反复使用。

小资料

出土的青铜器不完整怎么办？

焊　接

对一件出土不完整的青铜器文物，首先要焊接，把青铜器拼接成一件完整的器物。先用锉子把焊口锉平，然后焊接。焊接时用电烙铁将锡熔化，注入要修复的青铜器。

补　配

当青铜器不完整时，根据青铜器种类、形状、残缺部位，打制补配和铸造补配。要先将青铜器的纹饰拓下来，然后通过纹饰制作补配的器形，拼出一件完整的青铜器文物。

整　形

埋藏于地下的青铜器由于墓穴崩塌、地层变化等原因，容易被挤压变形、出现裂缝等，出土后的青铜器往往需要整形。青铜器整形的方法有锤打法、模压法、锯解法、加热法及其他物理整形方法。

第四篇

匠人之志，坚守一份承诺

荆州铅锡刻镂技艺的愿景

CRAFTSMAN'S AMBITION OF KEEPING PROMISE WITH PERSEVERANCE

PROSPECT OF JINGZHOU LEAD AND TIN CARVING SKILLS

从历史中走来的荆州铅锡刻镂技艺

铅锡刻镂技艺的独特之处在于制作、复制青铜器纹饰的精细程度高且流畅自如，用铅锡刻镂技艺铸造出来的青铜器，纹饰、造型与出土的古代青铜器极为相似。这项技艺成为国家第三批公布的非物质文化遗产名录项目，相关作品还在上海世博会上展出，并获得首届中国非物质文化遗产博览会银奖等多项奖项。传承人敖朝宗也被原湖北省文化厅评为铅锡刻镂技艺代表性的传承人，而敖老师之所以拥有如此高超的技艺，与他们家世代相传的手艺是分不开的。

1956—1983年，铅锡刻镂技艺一度被尘封，直到1983年之后才复苏。此后，敖家复制的古代青铜器产量增多，吸引了越来越多的文化商人前来购买。

敖朝宗作坊制作的青铜器涵盖酒器、水器、摆设等几大类，种类有数十种。这些产品陆续被销往广州等地的古玩市场，被工艺品爱好者收藏。因为工艺繁复、制作精美，用铅锡刻镂技艺复制的古代青铜器是普通青铜器价格的几倍。这样的青铜器作品投入市场，让青铜器不再是遥不可及、只能远观而不可近玩的文物，从而让更多的人能进一步了解到蕴藏在青铜器中的文化内涵。

荆州铅锡刻镂技艺传承人名片

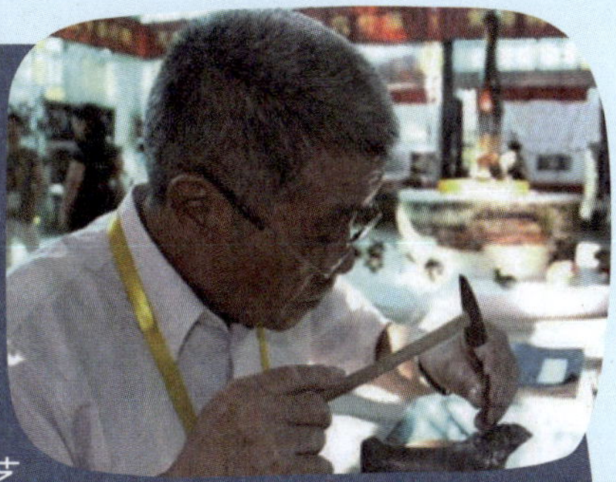

国家级传承人： 敖朝宗

敖朝宗现已年过花甲，对于铅锡刻镂技艺，他从小耳濡目染，谙熟修复、复制古剑等青铜器的技巧。敖朝宗已经将这门铅锡刻镂技艺传给了他的儿子及儿媳，一家人都从事着青铜器的制作工作。敖老师说，艺术离不开生活，他们凭借这门手艺老老实实吃饭，希望能将这门手艺一直传承下去。

铅锡刻镂技艺的传承

敖老师家修复、复制古代青铜器的技艺世代相传，敖朝宗作为第四代传人，十几岁开始就跟随父亲和外祖父学艺。其子敖兴华为第五代传人，一家人经营着敖氏家庭作坊。由于铅锡刻镂技艺没有独立效益，是依存青铜器的制作而获得收益，学习周期长，技术繁杂，学习者无几。20世纪90年代，有人劝说敖朝宗改行制作工业模具，却被他一口回绝，还把在外打工的儿子叫回来，一起制作、复制青铜器。

铅锡刻镂技艺申遗小故事

楚系青铜器纹饰繁复精细，纹饰制模技艺普遍认为已经失传，然而当敖朝宗老师的楚系青铜器作品公开后，立刻引起了大家的注意。后来荆州市文化馆的工作人员告诉他们可以准备申请国家非物质文化遗产了，敖老师将自己的作品拿给专家看，专家看了激动地说："这技艺就是非遗！"这些作品在专家们的相互传看中被一再地确认："这技艺就是非遗！"

荆州铅锡刻镂技艺之翻模

小非遗传承人们，你们现在了解荆州的铅锡刻镂技艺了吗？现在让我们一起来体验其中的翻模环节吧！

（备注：请使用“STEM实践探索”材料包。）

利用硅胶这一材料由液体状态向胶状的变化可以完成实物翻模。

选择合适的实物模，运用调制的硅胶完成一个实物的翻模。

调制合适的硅胶液体，将实物的轮廓清晰地呈现在翻模上。

能够测量作品的整体尺寸，并完成一个尺寸相同的翻模。

材料和工具：原范、量杯、硅胶、硅胶固化剂、医用凡士林、针筒。

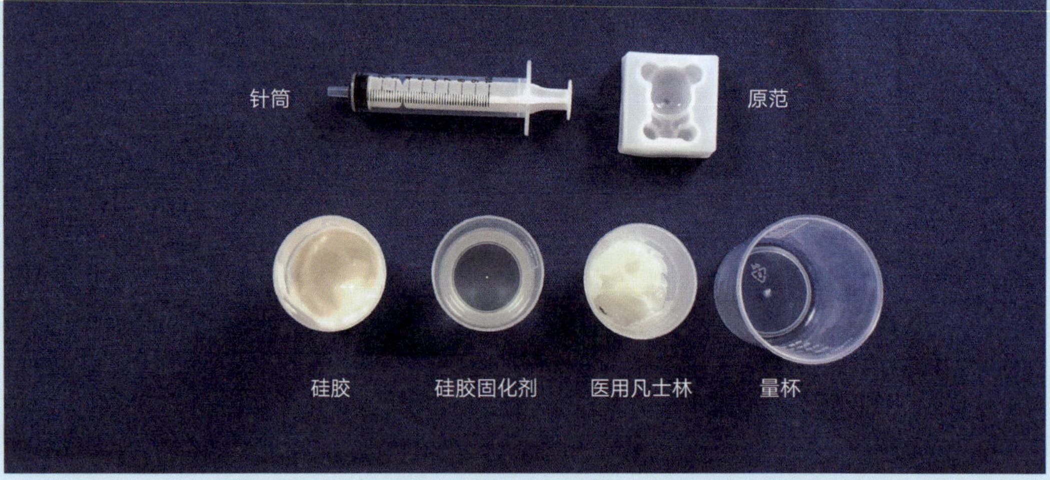

步　骤：

1、 在原范上均匀涂抹一层凡士林。

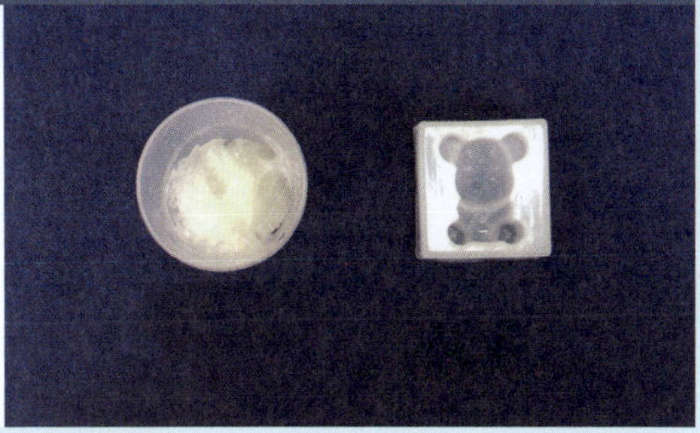

2、 调制硅胶，建议硅胶与固化剂的比例为100：2，这样翻的模比较细腻。若想使硅胶快点凝固，可多加固化剂，但不建议过快凝固哟。

3、 将调好的硅胶均匀倒在放置好的原范上，最好先薄薄地倒上一层，防止有气泡产生。

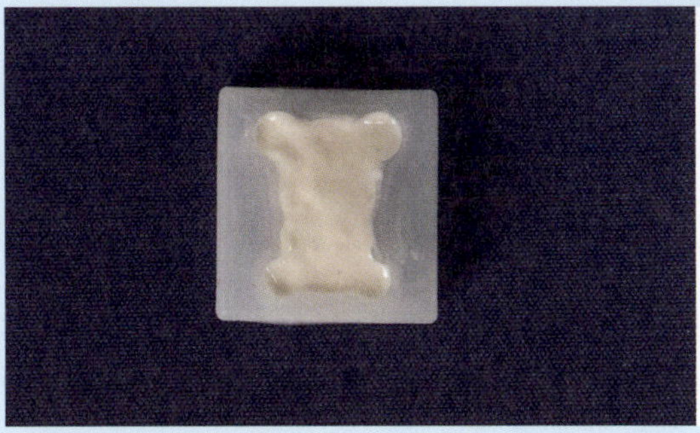

4、 静置1～2小时，然后就可以把已完成的模脱出来了。

非遗故事

STEM科学探索

INTANGIBLE CULTURAL HERITAGE STORY

THE STEM EXPLORATION COURSE

③ 南昌瓷板画

组　　编　世茂集团

本册编者　陈 美 霖

河南科学技术出版社

· 郑州 ·

图书在版编目（CIP）数据

非遗故事：STEM科学探索 / 世茂集团组编. —郑州：河南科学技术出版社，2021.1
ISBN 978-7-5725-0253-8

Ⅰ. ①非… Ⅱ. ①世… Ⅲ. ①非物质文化遗产-中国-青少年读物 Ⅳ. ①G122-49

中国版本图书馆CIP数据核字（2020）第259531号

出版发行：河南科学技术出版社
地址：郑州市郑东新区祥盛街27号　邮编：450016
电话：（0371）65788613 65788642
网址：www.hnstp.cn

策划编辑：马艳茹 刘燕芳
责任编辑：薛 雪
责任校对：耿宝文
版式设计：邵 艳 郭振江
责任印制：朱 飞
印　　刷：河南博雅彩印有限公司
开　　本：787 mm×1 092 mm 1/16　印张：13.25　字数：250千字
版　　次：2021年1月第1版　2021年1月第1次印刷
定　　价：98.00元（全套6册）

如发现印、装质量问题，影响阅读，请与出版社联系并调换。

本书编委会

组编

世茂集团

编委

邵　亮　　蒋玉华　　李　洁　　黄佳琳　　戴　昊　　谢天天

孔云峰　　陶轶敏　　褚克斌　　彭加同　　陆璐露　　刘　靖

王玉婷　　贺云飞　　陈美霖　　王文定　　芦爱玲　　张　敏

郭振江　　邵　艳　　吴　佳

支持单位

安徽省掇英轩书画用品有限公司

研学旅行活动报告单

班级：________________ 指导教师：________________

<table>
<tr><th>步骤</th><th colspan="2">研学活动记录</th></tr>
<tr><td>提出问题</td><td colspan="2"></td></tr>
<tr><td rowspan="5">小组分工</td><th>小组成员</th><th>任务分工</th></tr>
<tr><td></td><td></td></tr>
<tr><td></td><td></td></tr>
<tr><td></td><td></td></tr>
<tr><td></td><td></td></tr>
<tr><td>收集信息</td><td colspan="2"></td></tr>
<tr><td>整理分析信息</td><td colspan="2"></td></tr>
<tr><td>解决方案</td><td colspan="2"></td></tr>
<tr><td>指导教师意见</td><td colspan="2"></td></tr>
</table>

说明：（1）将研学活动的过程仔细记录下来并保存好。
（2）将研学小组各个成员收集的信息和所做的分析报告附在报告单后面。
（3）将研学小组认为最有价值的信息和分析报告的内容填在活动报告单内。

世茂写给孩子们的话

“你的家乡在哪里？能给大家介绍一下你的家乡吗？”同学们，从小到大，你们是不是遇到过很多次这样的问题？而你们都是怎么回答的呢？

辽阔的中华大地承载着灿烂而丰富的文明，中国的每一座城市都拥有独特的文化，它们以多种多样的方式呈现出来，可能是传统的口头文学、美术书法作品、手工艺品，也可能是礼仪、节庆等民间风俗。我们常把这些各族人民世代相传、视若珍宝的传统文化表现形式称作非物质文化遗产，简称“非遗”。我们从城市中精选出具有代表性的非物质文化遗产，通过有趣好玩的形式，给大家讲述家乡祖辈文化传承的故事，希望大家能够深度了解自己家乡的文化宝藏，做一个真正的小非遗传承人。

目录
CONTENTS

大家好！欢迎加入“非物质文化遗产STEM科学探索”团。

每一座城市都有它独特的文化和传统，非物质文化遗产就是其中的重要组成部分。这些非物质文化遗产也是中华传统文化的精髓。让我们走近这一座座城市，聆听非遗故事，传承非遗文化，体味爱国情怀，坚定文化自信。

现在，我们的“非物质文化遗产STEM科学探索”团来到素有“物华天宝、人杰地灵”之称的英雄城市——南昌。

本册书总计5篇，涉及的学科知识有：

历 史

南昌历史、瓷板画发展史

地 理

南昌城市地理

人 文

中国瓷板画的制作工艺和传承、南昌瓷板画的非遗故事

数 学

制陶工艺比例计算

艺 术

陶瓷工艺品欣赏、瓷板画设计、马赛克拼画

物 理

制陶工艺原理、彩釉技术

序篇

瓷上明珠

南 昌

PEARL IN PORCELAINS

NANCHANG

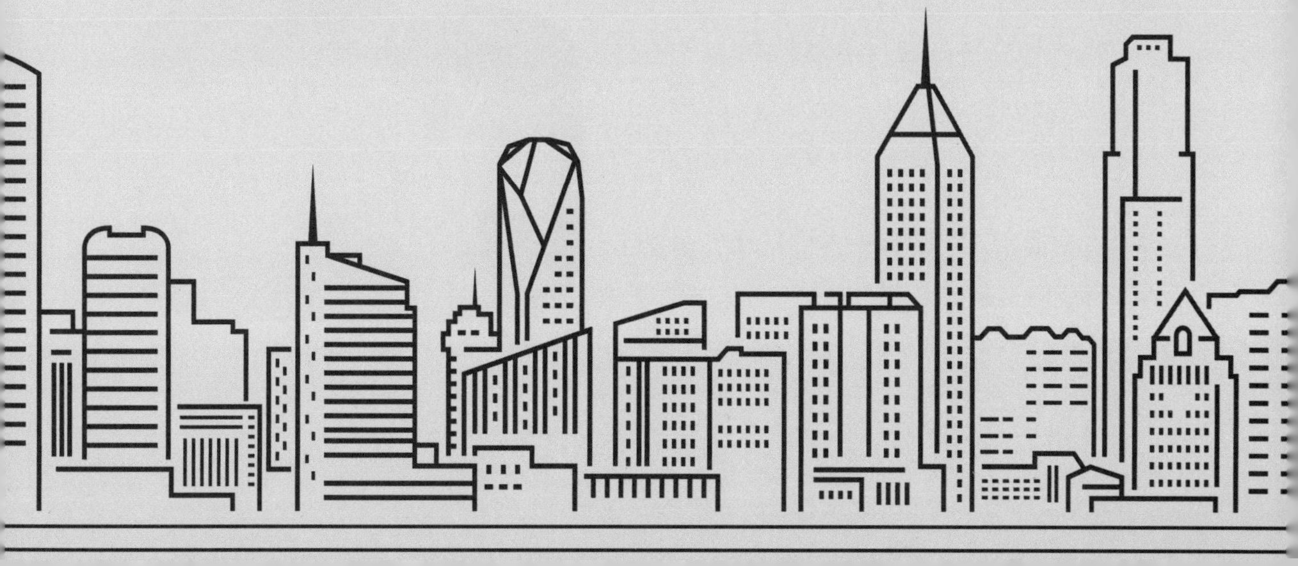

印象南昌

落霞与孤鹜齐飞，秋水共长天一色。

——〔唐〕王勃《滕王阁序》

夕阳之下，晚霞绚烂，孤鹜飞过，平静的秋水泛着层层涟漪，与天际连成一片。唐代著名诗人王勃描述的气势磅礴的滕王阁就坐落在美丽的城市——江西南昌。

南昌，简称“洪”或“昌”，古称豫章、洪都，是江西省省会，国家历史文化名城。南昌城始建于公元前202年，寓意“昌大南疆，南方昌盛”。“初唐四杰”之一的王勃在《滕王阁序》中称其“物华天宝、人杰地灵”。1927年8月1日，中国共产党领导国民革命军2万余人在南昌起义，打响了武装反抗国民党反动派的第一枪，也是中国共产党独立创建人民军队和领导武装斗争的开始，由此南昌有了“英雄城”的称号。

南昌地处华东地区，江西省北部，鄱阳湖平原西南部、赣（gàn）江下游，水陆交通发达，形势险要，自古有“襟三江而带五湖”之称。城内，赣江穿越而过；城外，青山积翠；城中，湖泊点缀。因此，南昌也被人们誉为京九线上的一颗“绿色明珠”。

南昌的名胜古迹有海昏侯墓（汉废帝陵）、滕王阁、八大山人纪念馆、百花洲、“八一南昌起义”纪念馆和纪念塔等。许多历史名人，如王勃、李白、白居易、欧阳修等都在南昌留下了传诵千古的诗篇，丰富了中华民族的文化宝库。

走近南昌非遗

得天独厚的山水、悠久的历史共同孕育出深厚的文化底蕴。截至2019年9月，南昌在已公布的6批次市级非物质文化遗产代表作名录项目中累计拥有120多项。小非遗传承人们，南昌的众多非遗项目和技艺，你们都了解吗？现在，就让我们一起去认识一下吧！

南昌采茶戏

南昌采茶戏是最具代表性的江西采茶戏之一，由民间采茶灯和灯彩结合发展演变而成，后来又将民间舞蹈融入进来，形成了独具特色的采茶戏。采茶戏艺人根据南昌发生的真实故事，创作了很多有趣的戏剧，不仅荣获过各种奖项，广受欢迎，甚至远赴国外进行访问演出。

南昌宣纸刺绣

宣纸刺绣是以宣纸为载体，把中国的传统书画艺术与手工刺绣工艺结合在一起的传统技艺。南昌宣纸刺绣将中华民族千余年来的宣纸书画艺术和刺绣工艺完美地结合在一起，独一无二，堪称中华一绝。

西山万寿宫庙会

2011年，西山万寿宫庙会入选国家级非物质文化遗产。西山万寿宫庙会至今有1 000多年的历史，在江西乃至全国都具有影响力。每年农历七月二十至九月初一为西山万寿宫的传统庙会时间，庙会持续40余天。在庙会期间，各地的人们都会赶到这里来朝会、进香，表达祈求丰收、盼望幸福生活的美好愿望。

南昌瓷板画

小非遗传承人们，你们知道吗，在众多的南昌非遗中，南昌瓷板画尤为引人注目，可称得上是我国传统工艺美术中一颗璀璨的明珠。2008年6月14日，南昌瓷板画经国务院批准被列入第二批国家级非物质文化遗产保护名录。现在，让我们来一次与南昌瓷板画的近距离接触吧！

南昌瓷板画又称为瓷上肖像画、瓷像，是我国特有的一种绘画艺术形式。它是在白胎瓷板上使用特殊的瓷用颜料进行手工绘画、上釉，再经高温烧制而成的一种平面陶瓷工艺品。南昌瓷板画源自景德镇瓷画，随着西方摄影术的兴起，画师开始在瓷板上描绘肖像画，随着釉下彩、洋彩等的发展，瓷板画不断改良升级，由黑白到彩色，从人物画到花鸟动物画，受到越来越多人的喜爱。

第一篇

了不起的民间艺术

走近南昌瓷板画

GREAT FOLK ART

GETTING CLOSE TO NANCHANG PORCELAIN PLATE PAINTING

“移植”的民间传统

小非遗传承人们，你们知道吗，在原始社会，我们的祖先就用工具在岩壁、地面、陶器上描绘生活中的人、事、物。随着生产技术的进步，人类开始在墙壁、丝绢和纸张上创作人物画像。从明代开始，人们尝试在瓷上作画，衍生出著名的南昌瓷板画。下面就让我们一起走近南昌瓷板画吧！

南昌瓷板画是在中国传统绘画法、陶瓷彩绘和西方摄影术基础上发展起来的，是绘画艺术与烧瓷工艺的巧妙结合。南昌瓷板画种类多样，包括人物画、花鸟画、风景画等，但还是以写实性肖像画为主。

瓷板画艺术来源于摹本但高于摹本。早期出现的南昌瓷板画，以照片为摹本进行绘制，其写实性手法和以黑白色彩为特征的人物肖像为今后的演化发展奠定了扎实的基础。千百年来，由于文人墨客审美习惯的变化，同时又受当时笔墨纸砚等绘画工具的局限，中国的人物画，尤其是肖像画一直处于“轻描淡写”的状态，难以满足民众的审美需求。以人物写实为主体的南昌瓷板画的诞生，很快填补了这一艺术空白。其显著意义在于，中国绘画艺术终于拥有了现实主义表现手法的肖像画种类。具体来说，南昌瓷板画经过油与水的交替、纸与瓷的转换和变革，利用中国特有的绘画材料和工具，创造出了一套完整的与众不同的肖像绘画技法，如九宫格定位、鱼鳞点子笔法等各种瓷上肖像绘画语言表现形式。

“起伏”的民间绝技

回顾南昌瓷板画的发展历史，南昌瓷板画有过快速发展的繁荣，也曾陷入止步不前的困境。

明清以来，南昌瓷板画发展迅速，名家辈出，形成了自身的艺术特色和优势。

新中国成立前夕，由于局势动荡，一批富有才华的老艺人和瓷板画经营者在战乱中或丧生，或转行，南昌瓷板画面临自身发展的第一次严重危机。20世纪50年代，民间艺人被组织起来，成立南昌市瓷像加工小组，为瓷板画的发展奠定了基础。在以杨厚兴为代表的瓷板画艺术家们的研究探索下，直接用彩色颜料绘制瓷上肖像的作品试制成功，从此瓷板肖像画告别黑白时代，取得了新的飞跃。

20世纪80年代后，摄影和电脑制作技术的飞跃发展直接威胁到瓷板画的存在和发展空间，再加上南昌瓷板画属于民间绝技，缺乏良性的传承，南昌瓷板画一度受到强烈的冲击，从百姓的生活中黯然淡出。

21世纪初，国家重视民族文化，特别重视具有重要传承价值的文化遗产，南昌瓷板画也迎来新的发展契机。在地方政府文化部门和瓷板画艺术家们的共同努力下，2008年6月，南昌瓷板画入选第二批国家级非物质文化遗产保护名录，南昌瓷板画的传承、保护与发展受到政府与社会各界的高度重视和关注。南昌瓷板画研究中心和南昌市瓷板画行业协会先后于2010年10月和2011年6月成立。

小资料

发展瓷板画的“功臣”

清康熙年间，一位意大利米兰的传教士不远万里来到中国，他的名字叫郎世宁。但是他并不喜欢传教，一心沉迷于艺术创作。他吸收了中西方绘画的特长，把中国的工笔画和西方画中的三维透视融为一体，使得画作更加立体逼真。

郎世宁掀起了中国早期瓷板画创作的高峰，大量西方油画的景物、人物的瓷上仿作也涌现出来，郎世宁的画作风格深深影响了具有重要影响力的景德镇陶瓷艺术家——珠山八友。郎世宁成为日后瓷像创作无法绕过的名字。

瓷板画发展路上的奠基人

明清两代皇帝重视景德镇陶瓷生产，一批优秀的民间陶瓷艺术家涌现出来，珠山八友就是其中技艺超群的代表人物。珠山八友当时的名称为“月圆会”，分别为：王琦、王大凡、汪野亭、邓碧珊、毕伯涛、何许人、程意亭、刘雨岑。郎世宁写实的艺术风格直接影响了珠山八友，尤其影响了南昌瓷板画的第二代传人王琦。珠山八友成功地将文人画的风格引入陶瓷绘画领域，还全面吸收主流的和民间的、中国的和异域的各种艺术风格和技法，融会贯通。尤其是新粉彩瓷绘的出现，开辟了陶瓷美术的新天地。

查一查

灿烂的陶瓷文化是中国传统文化的重要组成部分，蕴含着中华民族的智慧，瓷板画是一门在江西红土地上诞生、发展并传播到全国甚至海外的民间传统工艺。小非遗传承人们，请你们去陶瓷艺术城、陶瓷生产基地或陶瓷馆进行参观调研，了解瓷板画的起源、发展现状及其制作的基本材料，用相机或者摄像机记录下来，并将调查结果填入下框。

第二篇

博古通今与东情西韵

南昌瓷板画的传播及影响

THROUGHOUT ANCIENT AND MODERN TIMES, COMBINING EAST AND WEST

TRANSMISSION AND INFLUENCE OF NANCHANG PORCELAIN PLATE PAINTING

瓷板上的中国孝文化

“仁义礼孝”是中华民族的传统美德，曾国藩曾经说：“读尽天下书，无非一孝字。”作为非物质文化遗产的南昌瓷板画艺术在传播孝文化上发挥着独特的作用，因而慈孝精神也成为这门艺术的文化特质之一。

小非遗传承人们，你们知道为什么南昌瓷板画会跟中国慈孝文化有如此深厚的渊源吗？

南昌瓷板画与慈孝文化的渊源始于家族画像。在古代，先人去世后，后代会选择纸本或者绢本制作先人遗像，但这些材质都有一个极大的缺点，就是不能长久保存，瓷上肖像画解决了这个难题，后来就连长辈们的寿辰也常常少不了要画一幅端庄的瓷板画像。

人们津津乐道的父慈子孝、爱国爱民的故事成为弘扬中华传统美德的母体，也为南昌瓷板画的创作提供了生动的素材。瓷板画家彭树平在瓷板上重现了经典慈孝故事《二十四孝》，王跃林的《母与子》展示了母性的光辉，这些都是有益的尝试。南昌瓷板画由此与中国的慈孝文化建立了密切的联系。

东西技法的碰撞与融合

中国传统绘画具有独特的东方气息，尤其追求“神似形不似”，在历史长河中，逐步形成了山水、花鸟、人物三大重要体系。中国画主要运用线条和墨色的变化，以勾、点、染、浓、淡、干、湿、虚、实、疏、密等表现手法来描绘对象，并与诗、书、印章巧妙结合。

写实绘画在西方艺术史上占有重要地位，油画是西方绘画的主要画种之一。它是用油调和油质颜料在特制的布、木板、厚纸和墙壁上作画的。油画一般重形似、重再现、重理性，常运用焦点透视以面塑形。油画颜料具有较强的遮盖力，色彩丰富，能充分地表现物体色彩变化，极富真实感。

对油画效果的研究和模仿是南昌瓷板画在从黑白到彩色的发展过程中一个重要的方面。南昌瓷板画在学习移植西方古典油画元素的过程中，积累了丰富的技法和经验，摸索出以瓷板画材料再现油画效果的技法。

瓷板画有着自身的特点，其线条短小而纤细，线条细密的叠加形成了瓷板绘画特殊的肌理效果。因此，瓷板画兼有西方油画与中国工笔画的艺术特点，逼真的形象特征、细致入微的描绘、丰富细腻的色彩，使画面具有高清晰度照片的效果，甚至具有比照片更令人惊叹的真实感和视觉冲击力。这种写实的画面效果和惟妙惟肖的艺术表现形式已经成为南昌瓷板画最具特色的艺术风格。

小活动1：东情西韵

（备注：请使用“小活动1”材料包。）

通过以上内容的学习，我们了解了南昌瓷板画的特点与风格，色彩鲜艳的瓷板画离不开关键的一步——上釉。小非遗传承人们，你们知道不同颜色的釉料是如何调配出来的吗？让我们一起试试看吧！

材料与工具：彩色颜料、调色盘。

第三篇

瓷上乾坤，笔尖流转

南昌瓷板画的绘制技法

THE UNIVERSE IN PORCELAIN WITH CONSTANTLY DRAWING BRUSHES

MANUFACTURE SKILLS OF NANCHANG PORCELAIN PLATE PAINTING

小非遗传承人们，经过前面的学习，相信你们一定对南昌瓷板画有了基本的了解。肖像画尤其可以表现南昌瓷板画的主要特征，接下来，让我们一起来学习瓷上肖像画是如何制作完成的吧。

在瓷板上画肖像可以大致分为以下几步：勾轮廓、彩底子、修像、画衣服和背影、加彩。

九宫格上的“天地”

小非遗传承人们，你们知道吗，在画瓷上肖像画的时候，瓷板上是不允许有多余的线条的，必须用较细的线条一次就将轮廓线勾准。因此，画师在瓷上作画之前，会先在白色瓷板上画出一个合适的九宫格，要知道，画好瓷上肖像画，都离不开九宫格的辅助。

现在让我们学习一下在瓷板上画出九宫格的方法吧。

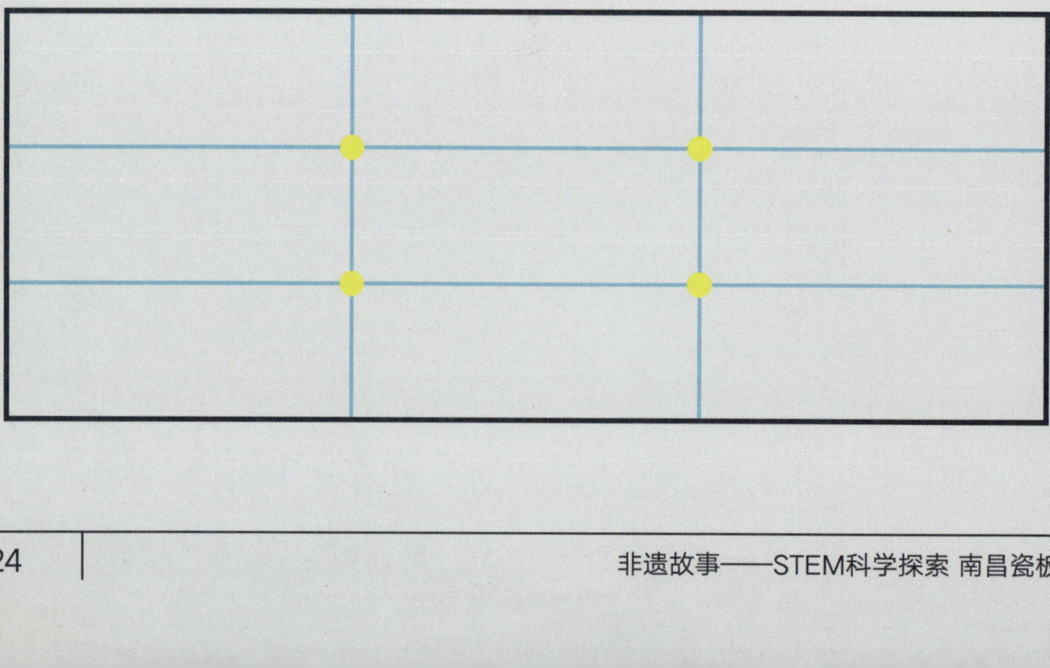

定位置

选择合适的九宫格，格子不可太小，将选定的照片放在底板上，再在照片上面压上合适的九宫格，左右移动九宫格，选定好位置固定。

放大画

定位置完成后，在瓷板上用铅笔画出放大了的九宫格，打料（以画笔在颜料中蘸料，使之饱含色料）描点进行刻画，这样九宫格画就画好了。这个环节能非常好地考验画师的耐心和细致程度，格子要画得非常标准，铅笔线条也应该尽可能细。九宫格画好后，就可以开始画肖像画了。

“精雕细琢”勾轮廓

瓷上作画虽然有了九宫格这个法宝，但是在勾轮廓时还是会出现看不清、画不准的情况。在勾画轮廓时要细致、耐心，还要选择合适的画笔，笔头要略干。形状画好之后，拿一支扎好的小号彩笔将颜料按平。彩笔的用力要均匀，做上下运动，从亮部开始彩（“彩”在这里作动词用，指用平头彩笔将颜色均匀地按平）。勾好了的轮廓就像是一幅完整的白描肖像画，此时已经具有基本的形态了。

练一练

给"滕王阁"描线

小非遗传承人们，画瓷上画时，需要勾轮廓，因此对线条的要求特别高，不宜过密，粗细相差不能太大，只有勾画好轮廓，才能为接下来的步骤做好准备。

让我们也试着勾一张画稿吧，沿着下图的轮廓描线，注意线条的流畅及粗细变化。

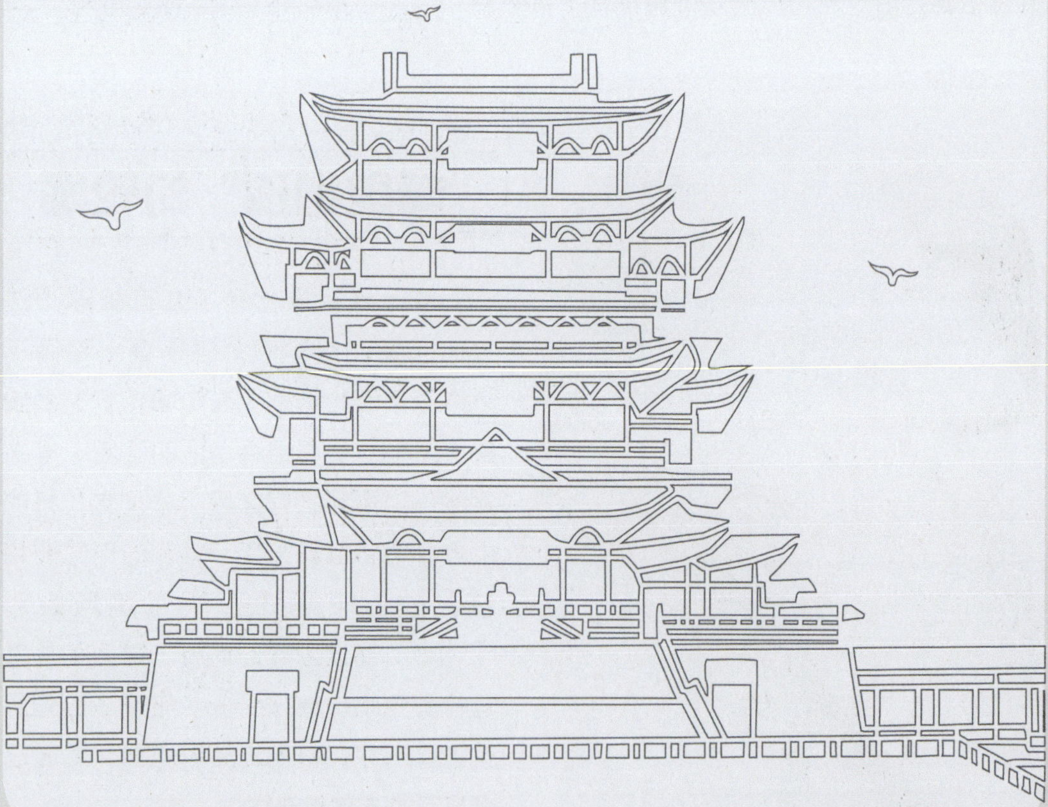

彩底子

彩底子是塑造肖像头部体积、决定色彩及素描关系的一个关键步骤，也是需要熟练掌握瓷用颜色油料性能的过程，因而也是画瓷上肖像画最难的技巧之一。所以画师必须认真对待，反复练习。

用彩笔在瓷板上彩匀色彩，要在颜色刚画上时趁湿进行，必须彩平笔触。用彩笔的技巧非常讲究，彩笔应与画面保持垂直，用力须匀、稳，并在有规律地上下运动的同时逐渐向四周过渡。

小活动2：格子的艺术——DIY马赛克拼贴画

（备注：请使用“小活动2”材料包。）

通过以上内容的学习，我们了解了瓷板肖像画的绘画技法，想要画好瓷板肖像画，九宫格定位可是很重要的方法。为了锻炼大家的手眼协调能力和耐心，请利用材料包中的材料，设计并制作出一幅完整的马赛克拼贴画。

第四篇

匠人之志，坚守一份承诺

南昌瓷板画的传承和发展

CRAFTSMAN'S AMBITION OF KEEPING PROMISE WITH PERSEVERANCE

INHERITANCE AND DEVELOPMENT OF NANCHANG PORCELAIN PLATE PAINTING

从历史中走来的南昌瓷板画

南昌瓷板画源自景德镇瓷画。明清时期，人物肖像画创作空前兴盛，许多画师将西方肖像画技巧融入中国传统绘画，人物肖像画成为南昌瓷板画的主要题材，釉上彩的出现，促进了瓷上绘画的兴盛。随着东西方文化的碰撞，瓷上肖像画融合了中国传统人物画与西方肖像画技法、西方油画的技巧，形成了独特的艺术风格。经过几代瓷板画大师的不懈努力，南昌瓷板画的影响力扩散到全国甚至海外。

被纳入“非遗”保护的南昌瓷板画不断登上新的艺术高度，同时也在不断探索新的道路。2010年10月，南昌瓷板画研究中心成立，传承南昌瓷板画技艺，培训优秀传承人，举办专场展览，开展百姓喜闻乐见的公益活动。在新时代，南昌瓷板画的传承人们传承经典，勇于创新，努力续写新华章。

南昌瓷板画传承人名片

传承人： 冯杰　　**出生年份：** 1945年

擅　长： 素描、西方油画

主要经历：

冯杰先生是南昌瓷板画的第六代传人，自幼酷爱绘画，有着扎实的绘画功底。1962年，他追随首届中国工艺美术大师杨厚兴先生系统学习瓷上肖像画，从此狂热地爱上了瓷板画这门独特的艺术。多年来，他应邀为许多国家的领导人及各界名人画过瓷上肖像、水墨肖像。他擅长人物瓷板画，注重表现人物的表情、眼神，以细节来突出人物特征，将传统瓷板画艺术推向新的高度。他在国内各大出版社出版发行了60余幅月份牌年画等作品。他独立撰写的《瓷上肖像画技法》，填补了中国绘瓷史上的空白。他的绘瓷作品在中国工艺美术大师精品博览会上4次荣获金奖。冯杰潜心研究艺术近60年，熔古今中外绘画艺术于一炉，在绘瓷艺术上形成了自己的独特风格。

匠心语录：

我17岁进入南昌工艺美术厂后，就追随首批中国工艺美术大师、南昌瓷板画第五代传人杨厚兴先生学习瓷上肖像画创作。我惊叹于在瓷器这一特殊载体上绘画的精妙，惊叹于瓷与火的完美结合，孜孜不倦，精益求精。

照片严格地讲仅仅是一种素材，因为任何一个人在拍照的瞬间，不见得是最佳状态，不同性格、不同职业、不同身份、不同修养的人表现出不同的特点，作为肖像画家就应该把它表现出来，在瓷器上非常细腻、非常深入、准确地把它刻画出来。

传承人：李春敏　　**出生年份：**1958年

擅　长：山水、动物画

主要经历：

23岁时，李春敏考进了南昌工艺美术厂，学习瓷上绘画，师从中国工艺美术大师冯杰先生，得到了中国工艺美术大师杨厚兴老先生的指点。李春敏擅长画瓷上肖像、山水和动物。在继承传统的基础上，他靠扎实的国画和瓷板画基础，对动物的皮毛、神态进行写实描绘，并在造型、线条、明暗、透视等方面吸取当代瓷板画的营养，技法上兼工带写，设色真实自然，作品形象逼真、流光溢彩，其作品多次作为政府礼品赠送给国际友人。2017年获南昌市首届“洪城工匠”荣誉称号。

匠心语录：

由于身体不便，我只能在这方寸之间创作，所以必须尽己所能，用知识、用手艺、用言传身教将这种工匠精神传承下去。

想一想

看了上述非遗传承人的事迹后，你对南昌瓷板画的传承又有了哪些新的理解呢？

我的感受：______________________________

____

____

南昌瓷板画之创意收纳盘DIY

小非遗传承人们，想必你们现在都已经了解南昌瓷板画是如何制作的了。今天我们来动手制作一个创意陶瓷收纳盘吧！注意要用学到的瓷板画绘画技法来绘制你们的收纳盘哦！

（备注：请使用“STEM实践探索”材料包。）

了解制作过程中的材料、工具。

学会使用拉坯成型模具、陶瓷绘画工具。

设计收纳盘的造型，绘制创意收纳盘。

比较不同大小、形状的收纳盘的收纳容量。

材料和工具： 陶瓷素坯盘子、陶艺贴纸、颜料、颜料刷、调色盘、儿童剪刀等。

非遗故事

STEM科学探索

INTANGIBLE CULTURAL HERITAGE STORY

THE STEM EXPLORATION COURSE

4 武汉木雕船模

组　　编 世茂集团

本册编者 陆 璐 露

河南科学技术出版社

·郑州·

图书在版编目（CIP）数据

非遗故事：STEM科学探索 / 世茂集团组编. —郑州：河南科学技术出版社, 2021.1
ISBN 978-7-5725-0253-8

Ⅰ. ①非… Ⅱ. ①世… Ⅲ. ①非物质文化遗产-中国-青少年读物 Ⅳ. ①G122-49

中国版本图书馆CIP数据核字（2020）第259531号

出版发行：河南科学技术出版社
地址：郑州市郑东新区祥盛街27号　邮编：450016
电话：（0371）65788613 65788642
网址：www.hnstp.cn
策划编辑：马艳茹 刘燕芳
责任编辑：薛　雪
责任校对：耿宝文
版式设计：邵　艳 郭振江
责任印制：朱　飞
印　　刷：河南博雅彩印有限公司
开　　本：787 mm × 1 092 mm 1/16　印张：13.25　字数：250千字
版　　次：2021年1月第1版　2021年1月第1次印刷
定　　价：98.00元（全套6册）

如发现印、装质量问题，影响阅读，请与出版社联系并调换。

本书编委会

组编

世茂集团

编委

邵　亮　　蒋玉华　　李　洁　　黄佳琳　　戴　昊　　谢天天

孔云峰　　陶铁敏　　褚克斌　　彭加同　　陆璐露　　刘　靖

王玉婷　　贺云飞　　陈美霖　　王文定　　芦爱玲　　张　敏

郭振江　　邵　艳　　吴　佳

支持单位

安徽省掇英轩书画用品有限公司

研学旅行活动报告单

班级：____________________ 指导教师：____________________

<table>
<tr><th>步骤</th><th colspan="2">研学活动记录</th></tr>
<tr><td>提出问题</td><td colspan="2"></td></tr>
<tr><td rowspan="5">小组分工</td><td>小组成员</td><td>任务分工</td></tr>
<tr><td></td><td></td></tr>
<tr><td></td><td></td></tr>
<tr><td></td><td></td></tr>
<tr><td></td><td></td></tr>
<tr><td>收集信息</td><td colspan="2"></td></tr>
<tr><td>整理分析信息</td><td colspan="2"></td></tr>
<tr><td>解决方案</td><td colspan="2"></td></tr>
<tr><td>指导教师意见</td><td colspan="2"></td></tr>
</table>

说明：（1）将研学活动的过程仔细记录下来并保存好。

（2）将研学小组各个成员收集的信息和所做的分析报告附在报告单后面。

（3）将研学小组认为最有价值的信息和分析报告的内容填在活动报告单内。

世茂写给孩子们的话

“你的家乡在哪里？能给大家介绍一下你的家乡吗？”同学们，从小到大，你们是不是遇到过很多次这样的问题？而你们都是怎么回答的呢？

辽阔的中华大地承载着灿烂而丰富的文明，中国的每一座城市都拥有独特的文化，它们以多种多样的方式呈现出来，可能是传统的口头文学、美术书法作品、手工艺品，也可能是礼仪、节庆等民间风俗。我们常把这些各族人民世代相传、视若珍宝的传统文化表现形式称作非物质文化遗产，简称“非遗”。我们从城市中精选出具有代表性的非物质文化遗产，通过有趣好玩的形式，给大家讲述家乡祖辈文化传承的故事，希望大家能够深度了解自己家乡的文化宝藏，做一个真正的小非遗传承人。

目录
CONTENTS

大家好！欢迎加入“非物质文化遗产STEM科学探索”团。

每一座城市都有它独特的文化和传统，非物质文化遗产就是其中的重要组成部分。这些非物质文化遗产也是中华传统文化的精髓。让我们走近这一座座城市，聆听非遗故事，传承非遗文化，体味爱国情怀，坚定文化自信。

现在，我们的“非物质文化遗产STEM科学探索”团来到江城——武汉。

本册书总计5篇，涉及的学科知识有：

历 史

武汉历史、木雕船模发展史

地 理

武汉城市地理

人 文

武汉的非物质文化遗产、木雕船模的传承和发展

数 学

船模的制作比例

艺 术

木雕船模的制作工艺、木雕船模作品赏析

物 理

木雕船模的材质及保存

序篇

船震四方

武汉

SHIPS KNOWN FAR AND WIDE

WUHAN

印象武汉

小非遗传承人们，今天我们将访问一座城市，它有一个响亮的名字：武汉！武汉简称为汉，又被称为江城，听到这个别称，你想到了什么？是不是大大小小的江河？没错，武汉地处江汉平原东部、长江中游，世界第三大河长江及其最大支流汉江穿城而过，形成武汉三镇（武昌、汉口、汉阳）隔江鼎立的格局，市内江河纵横、湖港交织，水域面积占全市总面积的四分之一，武汉市内有大小湖泊166个，被称为“百湖之城”。看来这个“江城”名不虚传！

与此同时，武汉也是国家历史文化名城、楚文化的重要发祥地，境内盘龙城遗址约有3 500年的历史。春秋战国以来，武汉一直是中国南方的军事和商业重镇，明清时期汉口成为“楚中第一繁盛处”及“天下四聚”之一。清末汉口开埠和洋务运动开启了武汉现代化进程，使其成为近代中国重要的经济中心，被誉为“东方芝加哥”。

截至2017年年末，全市有名胜古迹339处、革命纪念地103处，有282处市级及以上重点文物保护单位。截至2019年10月，武汉有盘龙城遗址、武昌起义军政府旧址、八七会议会址和武汉国民政府旧址等33处全国重点文物保护单位。

盘龙城遗址博物院

辛亥革命武昌起义纪念馆

武汉国民政府旧址

走近武汉非遗

任何一座城市都有能代表其市民生活方式、精神特征和文化内涵，并具有传承价值的事物，这就是这座城市的文化遗产。小非遗传承人们，让我们先一起走近武汉非遗，认识一下它们吧！

汉剧

汉剧是湖北省地方戏曲剧种之一，皮簧腔系主要剧种，早期称“楚腔”“楚调”，以后又称“汉调”“汉戏”，俗称“二黄”。在鄂北有“一清二黄三越调”的谚语；而在鄂东又有“一清二弹”之说，称汉剧为“乱弹”或“弹戏”。

高龙

武汉高龙的发祥地在汉阳地区，盛行于汉阳区江堤乡鲤鱼洲和永丰乡龙阳湖一带，其中江堤乡渔业村高龙队、永丰乡龙阳村高龙队是舞龙杰出代表。武汉高龙由龙头、龙身、龙尾三部分组成，其截面都是太极、八卦造型。

汉绣

清代嘉庆年间，汉绣初见于江夏。清代咸丰年间，汉口设织绣局，武昌已有苏洪发、万兴发、徐大华等名绣坊，形成武昌塘角街妇女刺绣加工基地。清代光绪年间，汉口万寿宫有绣铺32家，形成远近闻名的绣花街。

介绍了这么多的非遗项目，小非遗传承人们是不是已经按捺不住激动的心情，想要来认识一下今日的话题主角了呢？接下来就让我们一起走近武汉木雕船模技艺吧！

湖北木雕船的历史可追溯到汉代，经历代艺人不断探索，木雕船成了一种独特的工艺品。湖北木雕船种类繁多，古往今来，大江湖泊上来往穿梭的各种船只为木雕船艺术提供了取之不尽的素材，湖北木雕船艺人制成各种供观赏的小型木船，如民间木帆船、古代漕船、画舫、龙凤舟，以及民间灯会上的彩船等，反映了不同历史时期、不同地域木船的特点。各种船只的造型美观别致，讲究装饰。画舫、龙凤舟的造型、纹饰则更典雅华丽，显示出民间匠师的精湛技艺。

让我们先来一睹为快吧！

第一篇

了不起的民间艺术

走近武汉木雕船模

GREAT FOLK ART

GETTING CLOSE TO WUHAN WOOD CARVING MODEL SHIPS

艺术源于生活

小非遗传承人们，你们知道木雕船模的制作是以什么为原型的吗？没错，就是江河上来来往往的船只。那你们都知道哪些船呢？

连一连

你们认识这些船吗？请用直线将上面的船与下面相应的船名连起来。

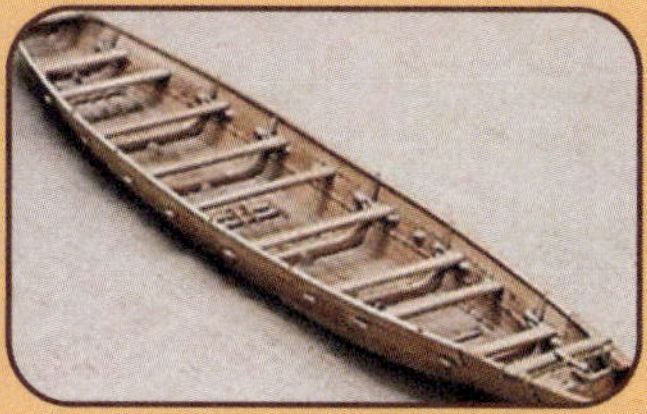

• 宋代官船　　• 木板船　　• 乌篷船

看来，小非遗传承人们知道的还不少呢！当然，江河上来来往往的船只可不仅仅有这些类型，由于武汉位于长江中游、洞庭湖以北，水上交通便利，各种不同式样的船只往来穿梭于江面、湖泊之上，如古代的漕船、平顶船，以及各地的游船、客船、民间彩船等。

号称“九省通衢”的武汉汇聚了各色船只，这可以说是武汉木雕船模工匠得天独厚的灵感之源和素材宝库。不同历史时期、地方区域、文化背景和艺术审美的工匠们将各自的创意和技艺融入每一件船模的创作之中，形成了风格独特、兼具趣味性与装饰性的武汉木雕船模大家族。

武汉木雕船模的魅力

小非遗传承人们，你们准备好进入武汉木雕船模的世界了吗？让我们一起来欣赏一些作品吧！探一探武汉木雕船模的魅力所在！

说一说

我欣赏以后的感受是：____

____

____

____

____

____

精细入微的雕刻

小非遗传承人们，你们是否观察到木雕船模上那些细小的镂空花纹？是否观察到每一艘船都生动逼真，仿佛放入江河中就能日行千里，每一艘船都风格各异、精致细腻、古朴典雅，民间气息特别浓厚？这都体现了手艺人雕刻技法的精湛！

湖北木雕船之所以如此精美、细致，也离不开大有讲究的选材！木雕船所选用的材料主要是材质坚硬、细腻的柏木和黄杨木。这些木材不容易断裂，便于手工艺人在船模细节方面的处理。

小资料

木雕船的选材

柏 木

柏木加工容易，切削面光洁，上漆后光泽度极好，并且木质细腻坚硬、年轮纹理清晰。它坚固耐用，经数百年而无损，可选作制造船舶的木材，用柏木制作的船模称为“柏木船”，经久不坏。

黄杨木

黄杨木呈淡黄色，纹理细腻，没有棕眼，是上等的木材，并且有股很淡的香气。

丰富多样的创作题材

每一件武汉木雕船模都是有故事的艺术品。首先，船模不能脱离生活原型而孤立存在，工匠通过在江湖码头上长年累月的观察和对历史文献的学习，总结提炼出不同时期、不同地域、不同功能船只的结构特色和装饰趣味。其次，船模除了需要科学地再现船只结构形态以外，也离不开艺术创作与加工。中华五千年的文明宝库给予木雕工匠取之不尽的灵感，神话传说、民间故事、民间风俗都可以成为创作题材。当然，与船有关的故事是最佳选择。比如，基于郑和七下西洋的壮举雕刻的《郑和宝船》，以及根据宋朝巾帼英雄梁红玉击鼓退金兵的事迹创作的《梁红玉战船》；反映端午赛龙舟这一中华民族传统风俗的船模精品《端午龙舟》，更是作为武汉木雕船模的代表作被收藏在北京人民大会堂的湖北展厅中。

小资料

郑和七下西洋

郑和下西洋是明代永乐、宣德年间的一场海上远航活动，首次航行始于明代永乐三年（1405年），末次航行结束于明代宣德八年（1433年），共计七次。由于使团正使由郑和担任，并且船队航行至婆罗洲以西的洋面（明代所谓“西洋”），故名郑和七下西洋。

在七次航行中，三宝太监郑和率领船队从南京出发，在江苏太仓的刘家港集结，至福建福州长乐太平港驻泊，伺风开洋，远航西太平洋和印度洋，访问了30多个国家和地区，其中包括爪哇、苏门答腊、苏禄、彭亨、真腊、古里、暹罗、榜葛剌、阿丹、天方、祖法尔、忽鲁谟斯、木骨都束等地，目前已知最远到达东非、红海。

郑和下西洋是中国古代规模最大、船只和海员最多、时间最长的海上航行，也是15世纪末欧洲地理大发现航行以前世界历史上规模最大的一系列海上探险活动。

精美的装饰

武汉木雕船模的一大显著艺术特色就是装饰意味浓厚，其比例协调、线条律动、花纹装饰无不体现着匠心独运的美，值得我们静心欣赏。船模上的线条有轻有重，虚实结合，疏密有致，曲直有别，但无一处不流畅。音乐中的节奏和韵律居然被艺人们用刻刀注入木头之中。体味一下那些华美的花样纹饰吧，就在这方寸之间，亭台楼阁、门窗梁枋（fāng）居然都有镂空雕花，而且花与花不同，纹与纹相异，唐草纹圆润柔美，汉纹工整大气，全部因时而异，因地制宜。这些都是艺人们将高超技术与精妙艺术相融合的体现。

小活动1：水手结（备注：请使用“小活动 1 ”材料包。）

水手结，顾名思义，就是水手们用的打结方法。在古代，绳索的固定方式主要就是打结。水手们打的结，要经得起风吹、日晒、水泡，长久稳固，易结易解不易开。水手结是水手们智慧的结晶，几千年的航海历史就是由水手结来守护的。

请你尝试打一个水手结吧！

第二篇

历史中的船模

武汉木雕船模的前世今生

MODEL SHIPS IN HISTORY

PAST LIFE AND PRESENT LIFE OF WUHAN WOOD CARVING MODEL SHIPS

武汉木雕船模技艺的发展，离不开武汉得天独厚的地理优势，更离不开手艺人们一代代的精心打磨。现在就让我们一起走近武汉记忆，看看手艺人们与木雕船模的旷世奇缘……

得天独厚的地理优势

湖北位于长江中游，洞庭湖以北，其地理环境对木雕船模的发展十分有利。小非遗传承人们，请你们查阅有关湖北地理位置及其周围水域的资料，并谈谈你们的发现。

通过查阅资料，我发现：________________________________

____

____

____

____

____

____

____

____

____

武汉木雕船模的发展历史

你能想象吗？湖北的木雕船技艺已经有2000多年的历史了！1973年，在湖北江陵的一次考古发掘中，研究人员在西汉古墓的木椁中发现了一件木质船模。这应该是至今发现的最古老的木质船模了。更神奇的是，这件西汉时期的船模使用了与当今木船工艺相仿的接榫技术。这就证明，在2000多年前的西汉，湖北的造船技术、木雕船技术就已经相当成熟了。

古文解释：

手制小舟才数寸许，不假胶漆而首尾自相钩带，诸匠无不骇服。

手工制作的小船只有几寸大小，并且不用任何胶黏合就使得船只的首尾相互连成一体，其他匠人们无不感到震惊与叹服。

民国初年，湖北的木雕船模工艺逐渐兴起。20世纪50年代末，湖北木雕船模工艺的中心从湖北宜昌转移到了武汉。武汉出现了专业的木雕船模工坊，匠人们通过家族式和师徒式的传承，将这一技艺发扬光大。新中国安定繁荣和百花齐放的文艺政策，让匠人们不仅可以继承传统技艺，还可以在时代的发展、技术的进步和多种工艺的借鉴中快速学习探索、融会贯通，发展出新工艺、新技法、新主题。武汉木雕船模逐渐形成了独有的艺术风格，达到了一个新高峰。

说一说

小非遗传承人们，学习了武汉木雕船模的发展历程，请你说一说武汉木雕船模能够得到不断传承、不断发展的原因。

原因一：________________

原因二：________________

原因三：________________

不断发展的雕刻技法

小非遗传承人们，你们说得没错，武汉木雕船模之所以能够不断地发展壮大，与匠人们不断研究、开拓创新有着密切的联系。而精湛的雕刻技法，则是武汉木雕船模能够一直发展的秘密武器。接下来，就让我们一起来了解武汉木雕船模的雕刻技法吧！

连一连

小非遗传承人们，你们知道武汉木雕船模有哪些雕刻技法吗？让我们一起来找一找、连一连吧！

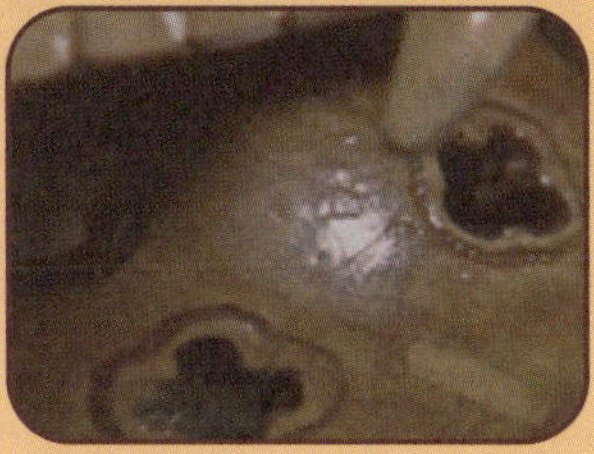

•镂　空　　•浮　雕　　•圆　雕

小非遗传承人们，你们都连对了吗？让我们在接下来的学习中找找答案吧！

圆雕

圆雕是一种三维立体雕刻方法，要从多角度进行雕刻。圆雕是艺术在雕件上的整体表现，观赏者可以从不同角度看到物体的各个侧面。它要求雕刻者从前、后、左、右、上、下全方位进行雕刻。

浮雕

浮雕是一种半立体雕刻技术，雕刻者通过雕刻技艺，让需要塑造的图案造型高于材料背景平面，形成图案凸显、浮于背景之上的效果。用浮雕技术来表现精细的点、线、面关系最合适不过。当表现船上人物、动物和花卉造型时，最常见的手法就是浮雕，服饰、五官、须发、花瓣、叶片等细节都可以借此得到细致呈现。

镂空

船模镂空的地方从外面看起来是完整的图案，但里面是空的，或者里面又镶嵌有小的镂空物件。

在历史的长河中，匠人们通过摸索，进行技术改良和创新，推出了一种雕刻技法——镂空精梭。

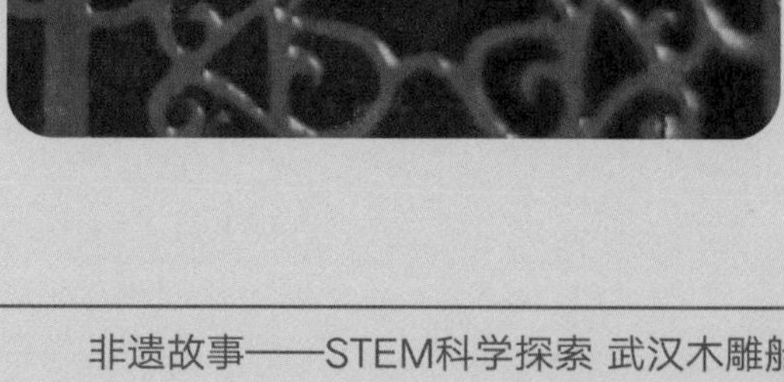

仔细欣赏一下这些亭台楼阁、门窗栏杆处的花纹吧。在这些只能按厘米计算尺寸的平面空间里进行镂空雕刻，花纹的宽度往往要控制在1毫米之内。要完成这种级别的创作，扎实的基本功是必需的，而且极其耗费精力。匠人们凝神静气，脑、眼、心、手必须协调一致，连呼吸吐纳的节奏都不能乱，稍一闪失就会导致整个作品前功尽弃。

小活动2：雕刻体验

（请使用“小活动2”材料包。）

请根据“小活动2”材料包，用陶泥代替木材，使用工具完成雕刻（可以用陶泥制作船体的装饰）。

制作流程：画设计图→打样→雕刻→装饰。

第三篇

指尖上的船模

武汉木雕船模的制作技艺

MODEL SHIPS ON THE FINGERTIPS

MANUFACTURE SKILLS OF WUHAN WOOD CARVING MODEL SHIPS

小非遗传承人们，当你看到这条中华巨龙时会用什么词语来描绘它呢？壮观？精美？不可思议？

我想，无论你如何描绘它都不为过，因为它是我国目前最大的木雕船模《中华巨龙》，可称得上是“鬼斧神工”！

不知你到过武汉没有？如果没到过，你可以从这件龙船模型上领略武汉八大著名景区的风采。中国四大名楼之一的黄鹤楼、纪念俞伯牙与钟子期“知音情怀”的古琴台、有“三楚胜境”美誉的晴川阁，这么多绝妙至极的景象都汇聚在一件小小的船模上！

武汉木雕船模的制作过程

第一步：设计

在开始制作船模前，预先画好船模的图样。

手工艺人结合史料、实物等，并融合自己独特的审美感受，设计出木雕船模的图样。

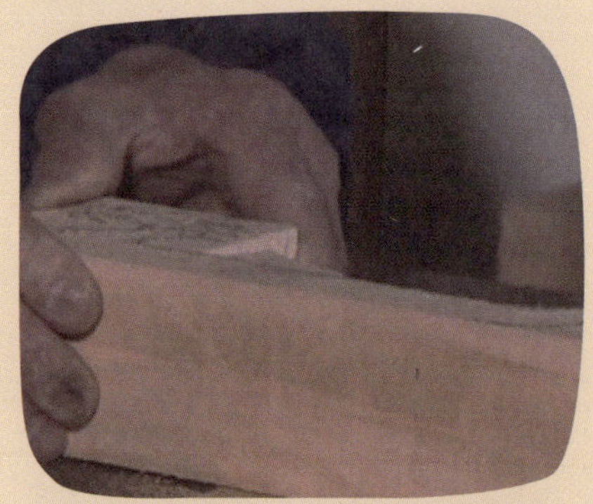

第二步：下料

下料是指确定制作某个船模所需的材料、形状、数量或质量后，从整个或整批材料（木材）中取下一定形状、数量或质量的木材的操作过程。

这一步为后续制作船体和零部件做好准备。

第三步：出样

为确保后续制作的质量，做出一个样品（标准件）。

第四步：雕刻船体

按设计好的样式雕刻船的主体部分。

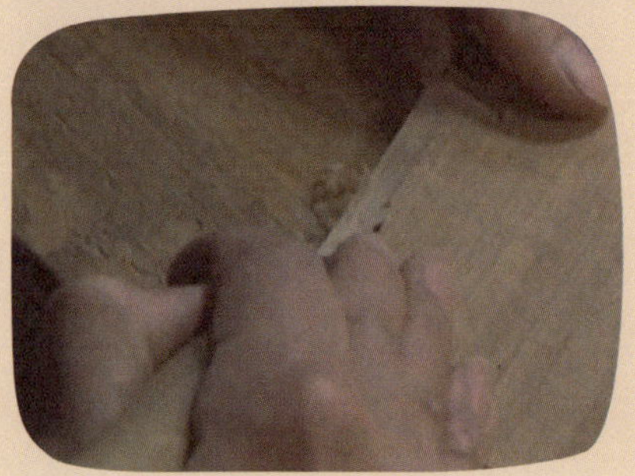

第五步：制作零部件

雕出船上的各零部件，这是最考验细心和耐心的一步。

第六步：组装

零部件与船体的组装都使用榫卯结构嵌合，要求方圆规矩、无缝连接、拆卸自如。

第七步：上漆

为组装好的船模上漆，从而使其能够更长久地保存。

大部分武汉木雕船模的制作过程都可以归纳为以上7个步骤，这每一个步骤都凝聚了木雕艺人们成年累月的修为和心血。小小一件木船的创作，少则几个月，多则需要几年的时间才可完工，每一个环节的工作都不容有差错。还是以前面介绍的《中华巨龙》为例，整个作品长1.6米，宽0.38米，高1.05米，龙船上丰富的层次，每一层、每一寸都精心设计。我们之前介绍过的圆雕、浮雕、镂雕、镂空精梭工艺在这里得以全面运用。在龙船上的八大武汉美景中雕刻了70多个神态各异的人物，他们的姿态、表情、服饰无一重复，这是浮雕技艺的极致展现。再看亭台楼阁上的窗棂、花饰，正是镂空精梭技艺的完美运用。这件宏伟巨作花费了木雕工艺师们几年的时间才最终完成。

小活动3：搭建小木船

（请使用“小活动3”材料包。）

通过小木船的制作，了解船的结构特点。

小资料

雕刻工具

小非遗传承人们，通过之前的学习，我们已经了解到，武汉木雕船模之所以能够名扬天下，离不开精湛的雕刻技法。那你们知道雕刻船体需要用到哪些雕刻工具吗？让我们一起来了解一下！

看到上面这张工具图，你是不是已经“晕”了？别急着头晕，每种工具的用途可都是不相同的哟！

平刀，刃口平直，主要用于劈、削或铲平木料表面的凹凸，使其平滑无痕。斜刀，刃口呈45度左右的斜角，主要用于作品的角落和镂空狭缝处的处理，用于剔角修光。

第四篇

匠人之志，一个人的远航

武汉木雕船模的传承和发展

CRAFTSMAN'S AMBITION, LONG VOYAGE ALONE

INHERITANCE AND DEVELOPMENT OF WUHAN WOOD CARVING MODEL SHIPS

辽阔浩瀚的海域、如巨龙蜿蜒的长江和黄河，以及星罗棋布的湖泊江河哺育了亿万中国人，也孕育出博大精深的中国船文化。船模延续了几千年的中国古船的千姿百态、精彩纷呈，彰显了中国人的卓越智慧与独特审美。

提到武汉木雕船模，就不得不提“龙氏”。在100多年前，生活在长江之畔的龙家人，用木头雕刻来往于窗前江中的船只，开创了一门独特的手艺——木雕船模。一件件惟妙惟肖的木雕船模承载了水运年代的独家记忆。

天然船舶博物馆

宜昌古称夷陵，取“水至此而夷，山至此而陵”之意，长江三峡的高山和险滩，至此终结，形成了一个豁然开阔的大港湾。麻秧子船、歪尾巴船、舵龛（kān）子船自川江而下；江浙的沙船、盐船、乌篷船溯江而上；湖南的倒把子船、平顶船过洞庭，泊宜昌，停歇后，再西去川江……龙氏木雕船模正是发源于这个天然的船舶博物馆。

19世纪末，在宜昌码头上讨生活的龙德富每当闲下来的时候，就喜欢坐在江边，用一把砍刀削木头。某天，一个工友发现他刀下的木头现出船的模样，对他一番夸赞。受到鼓励的龙德富兴致勃发，去市场上买回专业的刻刀，开始专心刻木船。刻出的第一艘木船很快就被一个船客买走了，龙德富索性在宜昌江畔经营起了一间制作木雕船模的小作坊。这正是现代武汉木雕船模的开始……

以武汉木雕船模为代表的湖北木雕船模是中华民族智慧与艺术的结晶。木雕工匠们将数千年的中华造船技艺和历史文化相结合，再将自身的灵感、创意和技艺也融入其中，才造出这一件件浓缩的艺术精品。小小船模展现了千百年来华夏大地风格各异的造船技艺、风俗和艺术，是科学与人文艺术发展的集中体现。

武汉木雕船模传承人名片

传承人： 龙从发

出生年月： 1938年3月

擅　　长： 制作木雕船模

主要作品： 《端午龙舟》《中华巨龙》《龙凤舫》《大柏木鼓船》

主要经历：

“现在就我一个人，还在坚持做这个船。”龙从发说道。20世纪60年代，龙从发和父亲所在的武汉市工艺雕刻厂凭借龙氏木雕船模的精湛技艺出口创汇，继老字号“龙鸿兴”风靡一时之后，龙氏家族带领工人生产的木雕船模，作为一种中国民间传统工艺品，再度走向世界。

近年来，随着国家对非物质文化遗产的高度重视，武汉木雕船模迎来了新的希望！在政府的大力扶持下，龙从发老先生有了新的工作室，并且实现了订单生产，武汉木雕船模也得以再一次远涉重洋，出口到日本、加拿大、美国、法国等十几个国家。龙从发老先生的儿子也一同参与到武汉木雕船模的制作中。此外，许多木雕爱好者也纷纷来向老先生请教，让武汉木雕船模得以继续传承下去。

武汉木雕船模之制作船架

使用结构粒子，利用榫卯结构的接插式连接法，为你的木雕船模制作一个船架，使船模可以陈列在你的书桌上。

（备注：请使用“STEM实践探索”材料包。）

认识稳定的结构。

能够利用榫卯结构，拼接结构粒子。

利用给定的材料制作船架。

测量船体底部的长度，制作大小合适的船架。

材料和工具： 船模、结构粒子等。

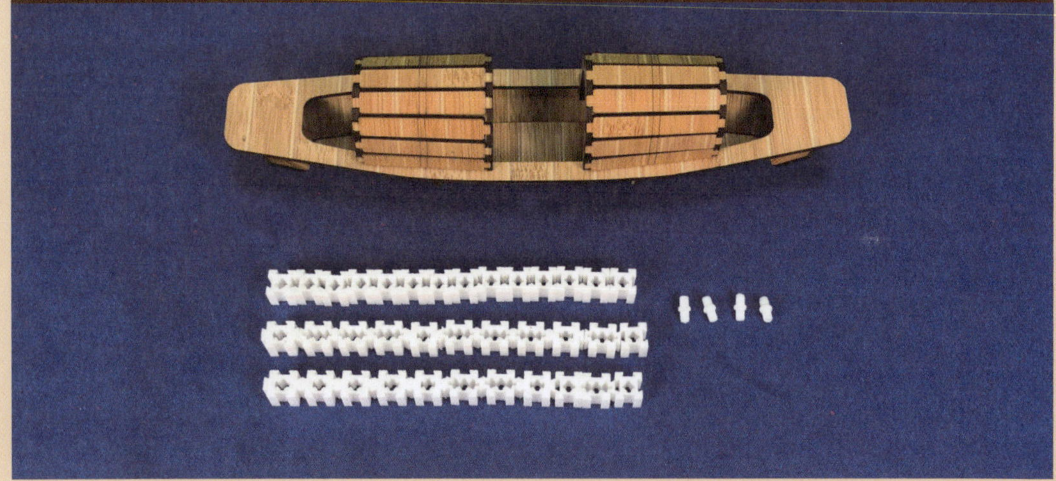

非遗故事

STEM科学探索

INTANGIBLE CULTURAL HERITAGE STORY

THE STEM EXPLORATION COURSE

⑤ 长沙棕编

组　编　世茂集团

本册编者　陶 轶 敏

　　　　　王 文 定

河南科学技术出版社

· 郑州 ·

图书在版编目（CIP）数据

非遗故事：STEM科学探索 / 世茂集团组编. —郑州：河南科学技术出版社，2021.1
ISBN 978-7-5725-0253-8

Ⅰ. ①非… Ⅱ. ①世… Ⅲ. ①非物质文化遗产-中国-青少年读物 Ⅳ. ①G122-49

中国版本图书馆CIP数据核字（2020）第259531号

出版发行：河南科学技术出版社
地址：郑州市郑东新区祥盛街27号　邮编：450016
电话：（0371）65788613 65788642
网址：www.hnstp.cn
策划编辑：马艳茹 刘燕芳
责任编辑：薛　雪
责任校对：耿宝文
版式设计：邵　艳 郭振江
责任印制：朱　飞
印　　刷：河南博雅彩印有限公司
开　　本：787 mm × 1 092 mm 1/16　印张：13.25　字数：250千字
版　　次：2021年1月第1版　2021年1月第1次印刷
定　　价：98.00元（全套6册）

如发现印、装质量问题，影响阅读，请与出版社联系并调换。

本书编委会

组编

世茂集团

编委

邵 亮　蒋玉华　李 洁　黄佳琳　戴 昊　谢天天
孔云峰　陶轶敏　褚克斌　彭加同　陆璐露　刘 靖
王玉婷　贺云飞　陈美霖　王文定　芦爱玲　张 敏
郭振江　邵 艳　吴 佳

支持单位

安徽省掇英轩书画用品有限公司

研学旅行活动报告单

班级：____________________ 指导教师：____________________

<table>
<tr><th>步骤</th><th colspan="2">研学活动记录</th></tr>
<tr><td>提出问题</td><td colspan="2"></td></tr>
<tr><td rowspan="5">小组分工</td><th>小组成员</th><th>任务分工</th></tr>
<tr><td></td><td></td></tr>
<tr><td></td><td></td></tr>
<tr><td></td><td></td></tr>
<tr><td></td><td></td></tr>
<tr><td>收集信息</td><td colspan="2"></td></tr>
<tr><td>整理分析信息</td><td colspan="2"></td></tr>
<tr><td>解决方案</td><td colspan="2"></td></tr>
<tr><td>指导教师意见</td><td colspan="2"></td></tr>
</table>

说明：（1）将研学活动的过程仔细记录下来并保存好。

（2）将研学小组各个成员收集的信息和所做的分析报告附在报告单后面。

（3）将研学小组认为最有价值的信息和分析报告的内容填在活动报告单内。

世茂写给孩子们的话

“你的家乡在哪里？能给大家介绍一下你的家乡吗？”同学们，从小到大，你们是不是遇到过很多次这样的问题？而你们都是怎么回答的呢？

辽阔的中华大地承载着灿烂而丰富的文明，中国的每一座城市都拥有独特的文化，它们以多种多样的方式呈现出来，可能是传统的口头文学、美术书法作品、手工艺品，也可能是礼仪、节庆等民间风俗。我们常把这些各族人民世代相传、视若珍宝的传统文化表现形式称作非物质文化遗产，简称“非遗”。我们从城市中精选出具有代表性的非物质文化遗产，通过有趣好玩的形式，给大家讲述家乡祖辈文化传承的故事，希望大家能够深度了解自己家乡的文化宝藏，做一个真正的小非遗传承人。

目录
CONTENTS

大家好！欢迎加入“非物质文化遗产STEM科学探索”团。

每一座城市都有它独特的文化和传统，非物质文化遗产就是其中的重要组成部分。这些非物质文化遗产也是中华传统文化的精髓。让我们走近这一座座城市，聆听非遗故事，传承非遗文化，体味爱国情怀，坚定文化自信。

现在，我们的“非物质文化遗产STEM科学探索”团来到楚汉名城——长沙。

本册书总计5篇，涉及的学科知识有：

历史	地理	人文
长沙历史及棕编技艺的发展史	长沙城市地理	长沙的非物质文化遗产、长沙棕编的传承和发展

数学	艺术	物理
棕编材料的长度和用量计算	长沙的棕编技艺	棕编的结构

序篇

民间绝活儿

别样长沙

UNIQUE FOLK CRAFT

UNIQUE CHANGSHA

印象长沙

小非遗传承人们，今天我们拜访的是历史悠久的文化名城——长沙（湖南省省会）。提到这座城市，你们会想到什么呢？是香甜糯软、外脆内嫩的糖油粑粑，还是让人吃得汗流浃背、满嘴辛辣的口味虾，或是黑如墨、香如醇的油炸臭豆腐……不不不，我们可不光要品这些舌尖上的美食，更要走进这座城，来寻那些曾经惊艳了时光的城市记忆。

长沙地处北纬27度51分~28度41分之间，属亚热带季风气候，气候温和、四季分明，是长江中游的一座重要城市。这里水系发达，湘江穿城而过。小非遗传承人们，你们知道吗，长沙又名“星城”，它是因天上的星辰而得名的！长沙历史悠久，历经3 000年而城名、城址不变。马王堆汉墓、岳麓书院、铜官窑、四羊方尊、三国吴简等历史遗址和文物都昭示着这座城市深厚的文化底蕴。

“楚汉名城”“潇湘洙（zhū）泗（sì）”都是长沙向世人介绍自己的金名片，而每张名片背后蕴含的都是勤劳、智慧的长沙人所创造的厚重的历史遗存和文化遗产。

几千年的文化积淀使得长沙这座城市充满魅力、名人辈出，屈原、贾谊、柳宗元、刘禹锡、欧阳询、怀素、王夫之等，他们有的籍贯是长沙，有的则久居长沙，为后世留下了大量的诗文、书画作品。到了近代，“经世致用、兼收并蓄”的湖湘文化的熏陶更是造就了陶澍（shù）、魏源，清代“中兴之臣”曾国藩、“民族英雄”左宗棠，以及谭嗣同、黄兴、蔡锷、齐白石、田汉、沈从文、丁玲、毛泽东、刘少奇等湖湘俊杰。

另外，遍布全城的非遗项目及民俗文化种类繁多，涵盖面广。相关资料显示，湘绣、湘剧、石雕（菊花石雕）、长沙窑铜官陶瓷烧制技艺、浏阳花炮制作技艺、长沙弹词、庙会（火宫殿庙会）、浏阳文庙祭孔音乐8项被列入国家级非物质文化遗产代表性项目名录，棕编（长沙棕叶编）、花鼓戏（长沙花鼓戏）、火宫殿八大传统小吃制作技艺等被列入湖南省省级非物质文化遗产代表性项目名录……

走近长沙非遗

都说一方水土养一方人，非物质文化遗产最大的特点就是离不开当地特有的生产、生活方式，它们是当地个性、审美习惯的“活”的显现。面对“楚汉名城”长沙的众多非遗项目和技艺，小非遗传承人们，你们都了解吗？现在，就让我们一起去认识一下吧！

湘绣

湘绣是中国四大名绣之一，是以湖南长沙为中心的刺绣品的总称。湘绣起源于湖南的民间刺绣，吸取了苏绣和广绣的优点，渐渐形成了以参针为主要针法、作品着色富于层次、绣品若画的特点，具有鲜明的湘楚文化特色，民间有“苏猫湘虎”之说。2006年，湘绣入选第一批国家级非物质文化遗产扩展项目名录。

石雕（菊花石雕）

菊花石雕是湖南浏阳独特的雕刻工艺品，因所用石料带有形如菊花的自然纹理而得名。浏阳菊花石雕被誉为“全球第一”。雕琢艺人利用石料本色，精工雕琢成各种花草造型的案头陈设品或文具、烟具等。近年来，菊花石雕突破平面造型，发展到立体多层花卉，并将人物引入这一独特的工艺品中，代表作品有《黄巢咏菊》《天女散花》等。浏阳菊花石雕技艺精湛，构思巧妙，曾获得巴拿马万国博览会奖牌。2008年，石雕入选第二批国家级非物质文化遗产扩展项目名录。

小非遗传承人们，你们知道吗，湘绣、菊花石雕这两项不仅是非遗项目，而且都是“长沙三绝”之一。那好奇的你们一定会问，还有“一绝”是什么呀？别着急，现在我们就来隆重请出主角：棕编。你们了解棕编吗？长沙棕编是一种用棕叶编织小工艺品或生活用品的独特技艺，被誉为“江南一绝”。在2008年，经湖南省人民政府批准，长沙棕叶编成功入选第三批省级非物质文化遗产名录。现在，就让我们与这项独特技艺来一次亲密接触吧！

第一篇

了不起的民间艺术

走近长沙棕编

GREAT FOLK ART

GETTING CLOSE TO CHANGSHA PALM FIBRE WEAVING

渔歌子

〔唐〕张志和

西塞山前白鹭飞，桃花流水鳜鱼肥。

青箬笠，绿蓑衣，斜风细雨不须归。

小非遗传承人们，你们知道张志和写的这首词吗？“青箬（ruò）笠，绿蓑（suō）衣，斜风细雨不须归”将一个在雨中悠然自得垂钓、连下雨都不回家的渔翁形象生动地刻画在了纸上。可你们知道吗，词中的“蓑衣”跟我们今天的主角“棕编”颇有渊源。

中国棕编

棕编是以棕榈树叶为原料编制的工艺品。棕草制品，古来有之。《渔歌子》中提到的“蓑衣”就是农人们从事生产活动时使用的雨具，是用棕叶丝和棕绳制作而成的。

棕编的魅力不仅在于原料本身，更在于巧妙地利用原材料的天然色泽及质感。棕编以打扣为主，综合运用草编、竹编中的一些编织技巧，通过撕、拉、绕、穿、刺等方法进行创作。不仅有棕编蓑衣，还有棕编提篮、拖鞋、凉帽、手扇、棕绷等生活用品，甚至还有各种惟妙惟肖的动物棕编作品。

小故事

蓑衣

相传，在浙南括苍山区，经常有华南虎出没，曾有人被虎紧追不舍，危急时刻，那人穿上蓑衣，老虎大惊，以为是怪兽，竟落荒而走。不过也有一说，上古时，唐尧为种田人出身，他登位时无衣可穿，就剥来毛棕编成蓑衣，穿着它接受百姓的祝福。后来蓑衣就成为圣服，受到山里人的推崇，人们出入皆披之，一避风雨，二防凶兽。

棕编技艺的发展

棕编技艺起源于三国时代，距今已有1 700多年的历史，被文化部誉为“中国民间艺术一绝”（2011年）。棕编作品种类繁多，能按需制作，并可任意造型，永久保存。产地主要在四川新繁、湖南长沙和陕西汉中等地区，其中以四川新繁棕编和湖南长沙棕编最负盛名。

新繁棕编技艺起源于清代嘉庆末年，至今已有200多年的历史。据文献记载，清代嘉庆末年新繁的农妇就有用棕叶编制拖鞋、凉鞋的传统。到20世纪30年代至40年代，棕编业发达昌盛，同时也形成了如“胡椒眼空花”“鸦雀嘴不透空”等丰富多样的棕编技法，用这样的方法完成的手工制品，不仅造型十分美观、大方，而且有防潮且耐用的特点，深受大家的欢迎。

长沙棕编属于工艺美术类棕编，其主要样式有蜻蜓、蚱蜢、青蛙、虾、蜈蚣、龟、蛇、金鱼、鸡、鹤、孔雀、凤等。长沙有许多自然生长的棕榈树，它们坚韧的叶片为棕编提供了天然材料。

长沙的高桥、金井、脱甲桥一带，棕编工艺千载传承，至清光绪年间已经十分普遍，当地人一般均能随手编出如蚱蜢、蜻蜓、螳螂、蜂窝、喇叭等单一物件，更有人将单个工艺品组合，如借助棕枝组合，编成“螳螂捕蝉”等成语故事，亦大受欢迎。民国初期，人们常将棕编工艺品作为老人、孩子的生日礼物，比如老人过寿，送上一只寓意“喜上加喜”的棕编喜鹊，会增添不少喜庆气氛。

连一连

请找出下列棕制品的正确名称，并用线连起来。

1 

2 

3 

4 

棕编昆虫	棕叶手扇	棕　　绷	棕　　鞋

第二篇

时光里的老手艺

长沙棕编的发展故事

THE OLD CRAFT THROUGH TIME

DEVELOPING STORIES OF CHANGSHA PALM FIBRE WEAVING

棕编手艺本是农人地里田间的闲暇创作，已追溯不到鼻祖，不过在一批批平凡而又传奇的民间手工艺人的见证下，长沙棕编也经历了属于它的发展历程。2008年，经湖南省人民政府批准，长沙棕编成功入选第三批省级非物质文化遗产名录。

棕编的长沙记忆

旧时的棕编艺人多云游四方，风尘仆仆，边编边售卖。他们不用挑子，而是用一根木棍，新鲜棕叶编成的蜻蜓、蚱蜢、虾、青蛙、蜈蚣、金鱼、蛇、孔雀等，被集中插在木棍上绑着绳草的一头，那景象有点儿像卖糖葫芦。

在20世纪30年代，棕编艺人把民间的棕编手艺带入长沙城，在街头叫卖棕叶编制的蚱蜢。为了生存他们不得不提高技艺、增加品种。他们常伏在草丛中观察动物的形态，编出蝗虫、螳螂、蜻蜓、青蛙、虾、蜈蚣、蛇等，神态逼真，栩栩如生，深受孩子们的喜爱。那些用棕丝串起的鸟、虫，黄中带青、清新朴实，在艺人手中微微颤动，仿佛活的一般，引来孩童和路人驻足观看。

不过，因为用新鲜棕叶编制的玩意儿并不好保存，几天就不成形了，棕编艺人就通过将棕叶先按纹路折叠、扎紧后放入开水中煮，直至叶片由青转黄，经过日晒后干透，再进行编织，解决了以上问题。原本只能保存两三天的棕编玩意儿，终于可经十几年而不变形。也正是从那时起，棕叶编织逐渐成为一种艺术。

有意思的棕编派别

经过不断的传承，长沙棕编逐渐发展成“纯叶”“全棕”两大派别。

“纯叶派”棕编其实就是单纯用棕叶进行编织，具有精致小巧的特点，精于编制虫、鸟等小动物。

“全棕派”棕编则选用棕树的蔸（dōu）、干、叶、枝、籽及干衣、花苞等各部位作材料，手工编织成工艺美术品，作品以豪放大方、长于表现重大题材为特征。

不论是“纯叶派”还是“全棕派”的棕编技艺，都具有广泛的群众基础，属于非物质文化遗产。手工艺人们编制出丰富多彩的工艺品，弘扬了中华民族文化，增强了民族凝聚力。

长沙棕编的“春天”

20世纪70年代，长沙湘绣总厂的棕编产品远销海外，曾一度需要扩大棕编生产，广招工人。而到了20世纪80年代时则出现了危机：长沙湘绣总厂停止经营棕编业务，这些学徒有的改做湘绣，有的甚至离开湘绣厂另做他行了。棕编工艺异彩纷呈，品种十分复杂，传承和发展遇到了一定的阻碍，2018年的相关调查显示，长沙市的棕编手艺宗师不足10人。

为了从根本上保护和发掘长沙棕编，为长沙、为中国、为世界留住这笔宝贵的财富，大家做了许多积极的尝试和努力。长沙市天心区政府提出了振兴棕编的思路：首先要建立非遗展览馆，邀请“大师”出山，让长沙棕编可以被更多的人所熟知；其次是不断创新，与流行元素积极融合，结合旅游业拓展销售途径，打造非物质文化遗产棕编纪念品，加大宣传力度，使文化产业、旅游产业有机结合起来，实现共同进步、共同发展，获得双赢。

小活动1：纸编小鹿

（备注：请使用“小活动1”材料包。）

材料：儿童剪刀、彩色纸条。

第三篇

指尖上的传统技艺

长沙棕编

TRADITIONAL SKILLS ON FINGERTIPS

CHANGSHA PALM FIBRE WEAVING

匠人智慧：就地取材

棕榈树在长沙很常见，不管是农村的院落，还是城市的绿化带，常常能看见它们高大的身影；棕榈树挺拔地生长，翠绿的树叶簇拥在树干顶端，近看就如一把把利剑刺向天空，远看又仿佛是一把把大扇子舒展开来。伴随着四季轮回，棕榈树每年春季都会抽出嫩芽，夏季手工艺人们都会采摘棕叶做好储备，经过一系列的处理，让这些棕叶随时为他们所用。

画一画

画出你认识的棕榈树。

小资料

棕榈科植物广泛地分布在热带、亚热带地区，大多数在海拔1 200米以下，在我国则广为分布，以长江中下游的丘陵地区为例，不仅有人工种植的棕榈树，也有大量自然生长的棕榈树。在湖南，棕榈树也并不少见。长沙县、望城乃至周围的丘陵地区，作为常绿乔木的棕榈树均有广泛的分布。

专注一技：灵巧的指尖技艺

长沙棕编用材简单，手工艺人们用几分钟时间就能编好一只蚱蜢、小虾之类的小玩意儿！其实每一件作品的诞生都要经历以下几道主要工序。

选　叶

选择适合做棕编作品的叶子。然后对采集来的棕叶进行煮、晒，这个过程大概需要2个月的时间。选叶必须在夏季完成，“白天就晒，晚上就露，只有碰上下雨才把它们收回来”。这是选叶的诀窍，也反映了棕编手工艺人的辛苦。

修　整

取一片棕叶，沿叶脉剪开，使得两半叶片形状、大小相同。

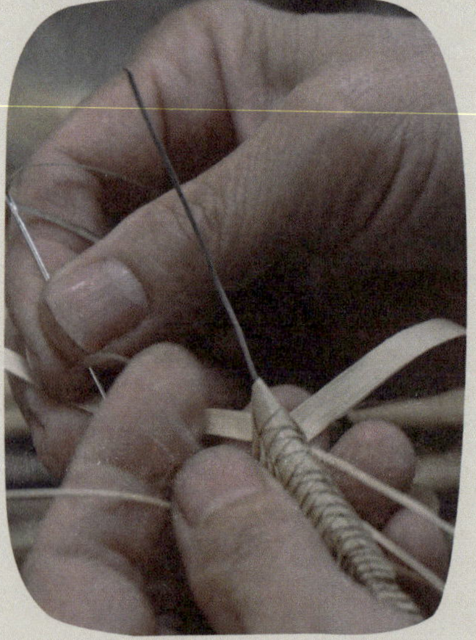

编　织

棕编不是简单的模仿、加工，而是以打扣为主，并综合运用缠绕法、穿插法、辫子织法、打绳法、平织法等编织技巧，通过撕、拉、绕、穿、刺等手法进行艺术创作的过程，其中的难度可想而知。同样的物件可做不同的造型。棕叶是用叶芯部分还是叶边沿部分，如何搭配、如何造型，以及整个制作过程中要融合哪些不同的编织技巧，都要事先在头脑里构思好。有时候不见得做出来就一定与预想的相同，这完全是在考验手工艺人们的脑力和耐力。

成 型

编织完毕，各种栩栩如生的小动物与小昆虫就出现在大家眼前了。一件作品的诞生，凝结着手工艺人们经年累月执着的练习，而这项民间手艺书面教材很少，他们只能一边向师父讨教，一边自己摸索，不断地练习，哪怕手上被棕叶划了无数道口子也毫不在意。

匠心琢磨：追求完美作品

从单个工艺品到传统的工艺品组合，长沙棕编手工艺人不满足、不停步，他们全身心地投入，不怕艰苦，耐得住寂寞，不断创新。目前，已经有一些不同题材的大型棕编作品问世，如每年以生肖为题材推出的大型棕编作品，马年的《万马奔腾》、羊年的《金羊开泰》、猴年推出的以猴为主题的《花果山》等。这些主题性棕编作品，既可以零售，也可成套批发、购置收藏，成为高档贺礼、旅游纪念品。这些棕编作品在亚洲其他地区和欧洲等地展出，其中的一些更是被中国残疾人联合会、上海工艺美术学院、湖湘文化艺术院及列支敦士登公国博物馆收藏。

小活动2：树叶画

（备注：请使用“小活动2”材料包。）

材料：棕叶、颜料、相纸等。

第四篇

匠人之志，坚守一份承诺

长沙棕编的传承和发展

CRAFTSMAN'S AMBITION OF KEEPING PROMISE WITH PERSEVERANCE

INHERITANCE AND DEVELOPMENT OF CHANGSHA PALM FIBRE WEAVING

非物质文化遗产是指各族人民世代相承、与群众生活密切相关的各种传统文化表现形式和文化空间。范围包括口头传统，即作为文化载体的语言，传统表演艺术，民俗活动、礼仪、节庆，有关自然界和宇宙的民间传统知识及实践，传统手工艺技能，与上述表现形式相关的文化空间。非物质文化遗产是“活”的文化，也是传统文化中很脆弱的部分。因此，非物质文化遗产的传承人就显得尤为重要。

虽然长沙棕编突破了许多技术瓶颈，品种不断增多，作品更有神韵，甚至有作品远销海外，但是从事长沙棕编的手工艺人依然屈指可数。长沙棕编依然面临着后继乏人的困境，那么该如何保护和发展长沙棕编这一中国工艺美术非遗项目呢？

传承巧手编织技艺

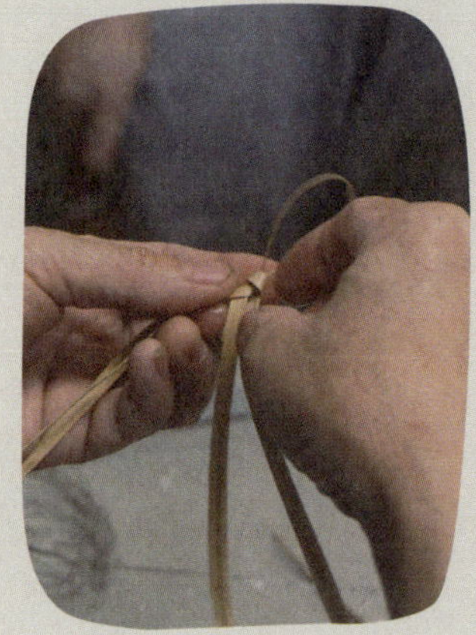

近年来，对于如何更好地保护和传承非遗项目“长沙棕编”，长沙各界人士做出了不懈的努力。棕编非遗传承人进学校，收徒，手把手传授棕编技艺。在长沙市文化广电新闻出版局、教育局和相关非遗保护部门的大力支持下，长沙市实验小学梅溪湖学校启动了“非物质文化遗产进校园，传统文化进课堂”的非遗示范性基地学校创建项目，并成立了棕编社团，邀请湖南省编织工艺大师周佳霖授课传艺，让大家看到了长沙棕编传承的希望。

传承的使命——非遗馆

2018年11月7日，展示湖南长沙地区非物质文化遗产资源、项目的公益性展示馆——长沙市非物质文化遗产展示馆正式开馆。这是长沙市政府和民间的非遗传承人为更好地保护和传承长沙传统文化和非遗项目所做出的又一努力。

长沙市非物质文化遗产展示馆围绕“家”的主题，秉持“一个人、一个家、一座城、非遗即生活”的策展理念，将展厅分为家堂、家艺、家音、家味、家节、家人六大部分，收藏、展出各类非遗作品千余件。

除实物展示外，展示馆还采用多媒体互动、幻影成像等手段，融入寓教于乐的非遗知识竞答和猜谜游戏，是一座集赏、玩、学、品、售于一体的活态非遗展示馆。现场有民间艺人们展示绝活，游客也可在民间艺人的指导下亲自体验和感受非遗文化的魅力。

长沙棕编技艺传承人名片

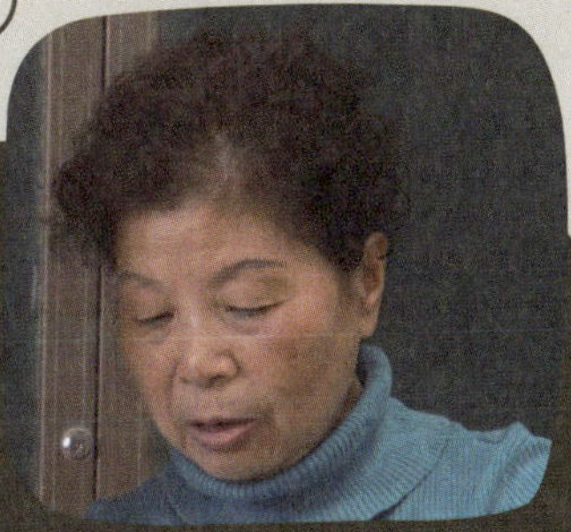

长沙棕编工艺美术大师

传承人： 王文定　　**擅长：** 编织

主要经历：

14岁时，王文定跟着哥哥学用棕叶编蚱蜢玩。教者无心，学者有意，王文定从此迷上了棕编。学会编蚱蜢后，哥哥教不了了，没人教授，王文定就自己摸索。很快，她自创了虾、鱼、仙鹤、顽猴等动物造型。为了让作品更加传神，她买来动物相关书籍，还经常到动物园观察动物。40多年来，王文定编织的作品涉及仙鹤、孔雀、飞龙、青蛙、老鹰等数十个品种，部分作品入选文化和旅游部“中国民间艺术一绝大展”，曾获湖南省首届民间工艺美术品大赛金奖。她不断探索，创制了一整套独特的棕编技艺。例如，她创造出“双肚皮”编织法，使动物形态更加逼真，解决了棕编动物身体扁平的问题；在动物造型方面，她加入一些新的美学元素，适当采取了一些夸张变形的手法，使作品更具有神韵。1995年，她被联合国教科文组织和中国民间文艺家协会联合授予“民间工艺美术家”称号；2006年，她获得第五届“中国工艺美术大师”称号。

匠心语录：

家里收藏的棕编作品共有2 000多件。我想让中国也想让全世界了解棕编这一民间艺术。再过几年，我还要写一本关于棕编的书，总结自己几十年的经验，让更多的人爱上棕编、学会棕编。

长沙棕编技艺之棕编蚂蚱

小非遗传承人们，你们现在了解长沙棕编是如何制作的了吗？请大家试着进行棕编的制作吧！

（备注：请使用“STEM实践探索”材料包。）

了解长沙棕编的主要特点。

根据材料特性来分析如何更好地设计结构并进行棕编蚂蚱的制作。

能用棕叶制作一只棕编蚂蚱。

借助材料长度来计算数量、用量等信息。

材料和工具： 棕叶、剪刀、儿童安全针等。

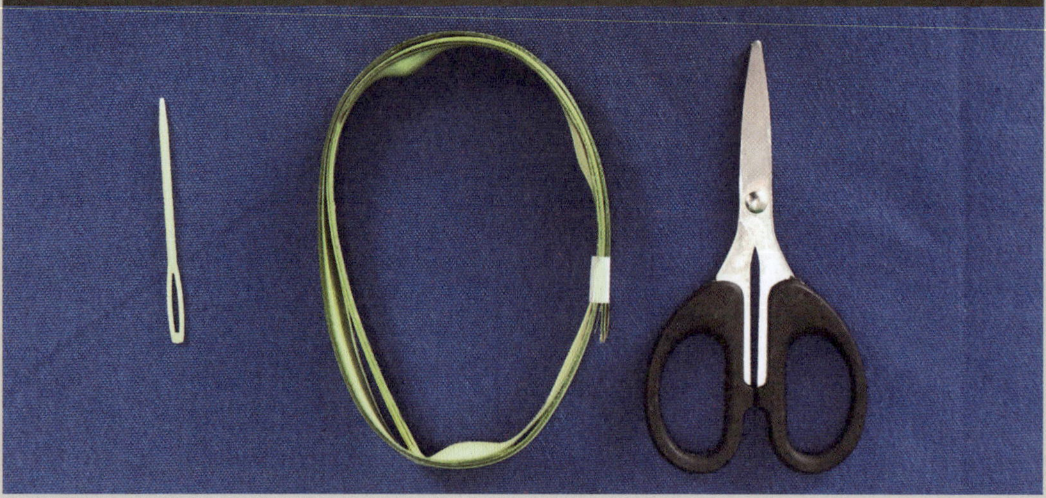

步　骤：

1、 用儿童安全针将棕叶沿叶脉向两边分开，注意不要全分开，末端留8~10厘米。

2、 用两边分开的叶片交替打活结缠绕在叶脉上，打3~4组活结，蚂蚱的肚子就做好了。

3、 将剩余的叶脉向下弯曲成三角形，然后用一边的叶片缠绕在三角结构上，至剩五六厘米时打结，另一片叶片向反方向缠绕做同样动作，蚂蚱头的雏形初现。

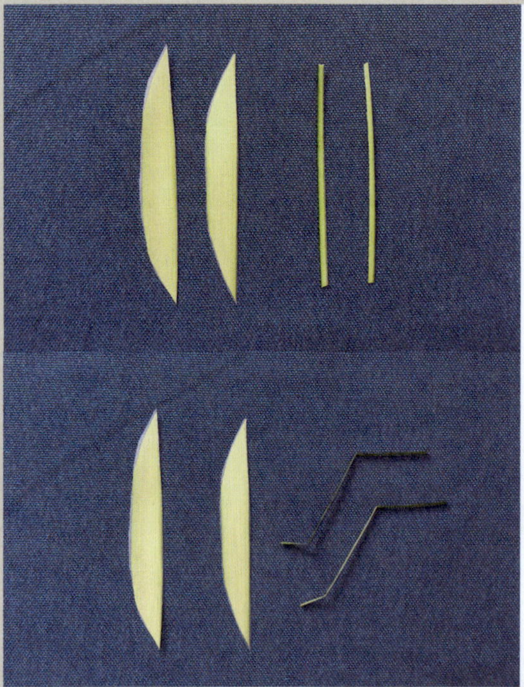

4、 将末端未分开的部分分成四片（两片宽的，宽度大致相同；两片极细的，沿叶脉撕开）。将细叶片剪短折叠插进已编好的蚂蚱的肚子里。在两片宽叶片上斜着剪一下。剪掉的粗细叶片都不要丢掉。

5、 修剪刚剪下的粗细叶片，粗叶片作翅膀，细叶片分成两段折叠两下作后腿，把翅膀和后腿插到肚子后方。一只活灵活现的棕编蚂蚱就做好了。来比一比，看谁做的蚂蚱更漂亮吧！